増補版

弘兼流
60歳からの
手ぶら人生

弘兼憲史
漫画家

763
中公新書ラクレ

はじめに

弘兼憲史《ひろかねけんし》、身辺整理始めました

持ち物を半分にしよう運動

数年前から身辺整理を始めました。今ふうに言うなら「老前整理」というやつでしょう。もっとも僕が身辺整理を始めた頃はあまり一般的な言葉ではありませんでしたから、個人的には「持ち物を半分にしよう運動」と呼んでいましたが。

老前整理というのは、まだ身体が元気なうちに身の回りのものを整理することです。年を取れば誰しも体力が衰《おとろ》え、疲れやすくなってきます。そうなってからの片付けは大変だし、時間もかかります。重いものだっておいそれと動かせなくなっていることでしょう。そうならないうちに不要品処分などの身辺整理をあらかた済《す》ませておこう、というわけです。

僕が「持ち物を半分にしよう運動」を始めたのは、「残りの人生を身軽に生きたい」と思ったからです。

60歳を過ぎると残された人生は、それほど長くありません。そういう貴重な時間を、いろいろなものにゴチャゴチャと囲まれた、わずらわしい生活にしたくないと思ったのです。

年を取れば、もの忘れもひどくなっていきます。

少し前のことですが、外出しようと車のキーを持ち、玄関まで行ったところで、ふと「その前に水でも1杯飲むか」と思い立ち、キッチンへ向かったことがありました。そして水をゴクゴクッと飲み、再び玄関に戻ると、手にしていたはずの車のキーがなくなっているのです。

水を飲むのにジャマだったので、どこかにひょいっと置いたような記憶はあるのですが、それがどこなのかまったく思い出せません。

誰もが経験するような出来事ですが、60を超え、70も近くなると本当にこんなことが多くなってきます。

誤解のないように言っておきますが、僕の家が特別にものが多く、散らかっているわけではありません。それどころか比較的片付いているほうでしょう。

でも、もっとものが少なく、シンプルであれば、そんなに探しものに時間はかからなかったし、「そもそもキーが見当たらなくなることもなかったのでは？」と思うのです。

もちろん、この程度のハプニングなら笑い話で済みますが、もし、探すのにもっと手間取っていたら、遅刻しないようにと大あわてで出かけるはめになり、不注意から交通事故を起こしてしまう、なんてことにつながっていたかもしれません。管理できるものの数というのは年齢とともに確実に少なくなっていくのです。

なければないでしょうがない

「持ち物を半分にしよう運動」で一気に処分したものの中に、VHSのビデオカセットテープがありました。今どきVHS……と笑われてしまいそうですが、若い頃から映画が大好きでしたから、市販のものやテレビを録画して保存していたVHSカセットが数百本あったのです。

ところが今や映画は配信で観られる時代です。通好みのマイナーな作品でない限り、iTunesストアあたりで簡単にレンタルできる。huluやNetflixといったサブスクリプションタイプの動画配信サービスなら月1000円程度の金額で見放題です。今までのようにレンタルビデオ店まで借りに行く手間も返しに行く手間もなく、パソコン、タブレット、スマホなどですぐに観ることができます。映画好きにとっては本当に便利な時代になりました。

まだ配信されていないようなマイナーな映画でも都内の大型レンタル店に行けばだいたい見つかりますし、なければAmazonやネットオークションで探せば中古が手に入るでしょう。いくら好きな映画といっても同じタイトルを年に何度も見返すことはありません。以前はその何度かのために所有していたわけですが、ここ数年でそういった事情もすっかり変わりました。

処分したVHSビデオの中には、僕がテレビ出演した時の映像などもありました。そんなものを見返す趣味はありませんが、資料として残していたのです。実際、若い頃の写真などを編集者に求められることが多々あるのです。

しかし、それらも同時に思い切って処分しました。自分で持っていなくても親兄弟や親戚、または友人の中に持っている人がいるのではないかと思ったのです。もしかしたらYouTubeあたりにアップされている可能性だってゼロではありません。いずれにせよ、自分で持っている必要はないと思ったのです。これはつまり、「なければないでしようがない」と開き直ったということでもあります。もちろん、今のところまったく問題ありません。

たくさんの片付け本や捨てるためのハウツー本が出版されていますが、そんなふうに割りきってしまえば、ものはどんどん捨てることができます。そして、捨てると新しいものが入ってきます。

時間とともに必要なものは変わっていく

「身軽に生きる」というのは、「停滞しない」ということでもあります。よどんだ水はすぐに腐《くさ》ってしまいます。

人間は日々進化しています。老いるというのも進化の一種。時間とともに考え方や趣味嗜好も変わります。昔好きだったからといっていつまでも好きとは限りません。

男性なら若い時に熱を上げていた女優やアイドルなどがいい例でしょう。その時は熱心に応援して、いろいろなグッズを買い集めたりしていたとしても、数年経って興味がなくなると、「何でこんなもの買ったんだろう」と後悔に変わります。その人が引退していたりすればなおさら。人の気持ちはいつまでも同じではありません。ですから、その時によって持っているべきものも変わるのです。

人間関係も変わります。60年も生きていれば、いろいろな人と関わってきたはずです。一瞬でつき合いがなくなった人もいるでしょうし、今も続く長いつき合いの人もいるでしょう。

でも、その人間関係は今も本当に必要でしょうか。あなたの生活や考え方が変わり、もしかしたらすでに不要になっているのかもしれません。場合によっては、すでに不要なのに「必要だと思い込んでいる」、または「思い込まされている」ということだってあります。

大事なのはすべてに疑問を持つことです。

いい機会ですから「常識」という棚にしまったすべてのものを一度おろして、ひとつひとつ吟味《ぎんみ》してみませんか。そうすれば、きっとこれからの人生に必要なものと必要でないものが見えてくるはずです。

吟味するのは、物理的なものだけに限りません。本書では、「家族」「お金」「生き方」「友人」といったものも対象にします。

整理を始めるなら、できるだけ早いほうがいいでしょう。そうすれば、それだけ長い時間を「身軽に生きる」ことができますから。

２０１6年11月

弘兼憲史

目次

第2章 友人を減らす

第3章 お金に振り回されない

第4章 家族から自立する

第5章　身辺整理をしたその先に

画／弘兼憲史
編集プロデュース／㈱岩下賢作事務所
編集協力／井出尚志
㈱フォンテーン
本文ＤＴＰ／今井明子

増補版

弘兼流　60歳からの手ぶら人生

第1章
持ち物を捨てる

01

60歳とは起承転結の「結」

漫画も人生もエンディングが大事

はじめてじゃないという方もいるかもしれませんが、はじめまして、漫画家の弘兼憲史です。本書を手にされたということは、あなたは60歳か、それに近い年齢なのでしょう。だとすれば、僕は今69歳ですから、あなたよりちょっとだけ先輩です。

別に先輩風を吹《ふ》かすつもりはありませんが、あなたより少しだけ長く生きている者として、60歳というのがどんな年齢なのか、簡単に説明しておきたいと思います。

現在の日本人の平均寿命は、男女ともに80歳を超えています。ということは、これを20年ごとに区切ると、60歳というのは起承転結の「結」に突入する年齢になります。つまり、物語的に言えば完全に終盤《しゅうばん》。いよいよ仕上げの時の始まりです。

こんなことを書くと寂しいと感じる人がいるかもしれませんが、そんなことはありません。

今までに僕はたくさんの漫画を描き、物語を創作してきましたが、本当に大事で楽しいのはこの先だからです。

僕が描いている「島耕作《しまこうさく》」シリーズや『黄昏流星群《たそがれりゅうせいぐん》』などもそうですが、その物語がどういう結末を迎えるのか、読者をワクワクハラハラの世界へ引き込んでいかなければいけません。

「終わりよければすべてよし」という言葉がありますが、結末がよければ、「おもしろかった」「いい話だった」と読者に満足してもらえるわけです。

しかし、それだけに「よい結末」を考えるには骨が折れます。アイデアが出ず、仕事場近くのファミレスで「うんうん」と唸《うな》っていることもあります。よい結末を導き出すのはそれだけ難しく、時間のかかることでもあるのです。

人生も同じです。どんなエンディングを迎えるか、大事なのは「死に様《ざま》」です。死に様がよければ、きっと「いい人生だった」と思える。それまでどんなにちゃらんぽらんでめちゃくちゃな生き方をしてきたとしても、死に様がきっちりしていれば、すべて打ち消しになる。死というのは、そのくらい崇高《すうこう》なものだと思うのです。

人生の終盤は少ない荷物で

納得のいく死に様を迎えるには、やはり相応の準備が必要です。どういう結末にするかも考えず、いきあたりばったりで描いた漫画は、残念ながらあまりおもしろくなりません。

「60歳からの手ぶら人生」というのは、納得のいく結末を迎えるための、ひとつの方法です。これまでの60年の人生の中で、自分にからみついているすべてのものを吟味し、ひとつひとつが本当に必要なものかを考える。そして、不必要であれば捨てて、できるだけ身軽に生きていくわけです。

例えば、こんなことをイメージしてみるとさらにわかりやすいかもしれません。自分の体力に不《ふ》相応《そうおう》な大きな荷物を背負って旅行に行ったとします。登山家がエベレストを目指す時のような特大の荷物を想像してください。

そんな荷物を背負っていたら、運ぶだけで精いっぱいで、景色を見たり、美味しいものを食べたりする余裕はなくなってしまうでしょう。それでは何のために時間とお金をかけて旅行に行ったのかわからなくなってしまいます。

ひとりの人間が背負える荷物には限界があります。それ以上背負うと、重すぎて、ゼエゼエと息切れしてしまい、ここ一番で力を発揮することができません。

ただでさえ衰えている体力です。もっと他の大事な時のために温存《おんぞん》しておくべきなのに、肝心なところで体力切れを起こしてしまっては、人生の大切な何かを逃してしまうのではないでしょうか。

そうならないためにも、荷物はなるべく少なくしておく。人生の終盤に大きな荷物はいりません。

ただし、どれだけの荷物が背負えるかは個人によって違います。

残り20年の人生に何が必要かも人それぞれ。誰かの真似をする必要はありません。自分だけの荷物を見つけてください。

02 つまらない「見栄《みえ》」や「こだわり」があるから捨てられない

60歳から人生を広げる必要はない

僕が「『持ち物を半分にしよう運動』を始めた」と周囲に話すと、「すごいですね、僕はものを捨てるのが苦手なんですよ」という人がけっこういて驚きました。

これだけ多くの、ものを捨てたり片付けたりするためのハウツー本が出ているのですから、何となくそれで困っている人は多いのだろう、という認識はありましたが、自分の周りにもこんなにいたとは。こういう発見も、捨てることで僕が手に入れた「新しいこと」のひとつかもしれません。

それはさておき、そういう人たちはなぜ捨てられないのでしょうか。それは、「今の生活をずっと維持したいと思っているから」だと僕は思っています。

人間、60年も生きていれば、それなりに貯金もあり、不自由のない生活をしていることでしょう。家具、インテリア、洋服、車……お気に入りのものを揃《そろ》え、「もう少しこうだったらいいなぁ」といった小さな不満はあったとしても、おおむね快適に暮らしているのだろうと思うのです。

60にもなれば会社には部下もいるでしょうから、もしかしたら自宅へ招いて「素敵なご自宅ですね、部長！」なんて言われた経験もあるかもしれません。親戚や近所の人が訪ねてくることもあるでしょうから、それなりに見栄《みば》えをよくしておきたい気持ちはわかります。そして、そんな素敵な生活を「ずっと維持したい」という気持ちも。

しかし、60歳からは人生の縮小期です。

縮小などというと、ネガティブに捉えられてしまうかもしれませんが、物語は「結」に突入しているのですから、ここから拡大させる必要はありません。エンディング近くでなんの前振りもしていない、新しい登場人物が出てきてしまったら、それこそ物語は収拾がつかなくなってしまいます。

縮小期というのは、自然と生活がスモールになっていくことです。

例えば、あなたも若い時に比べると、ずいぶん食が細くなったのではないでしょうか。僕も50代後半ぐらいから、どんなにおいしいものでも、たくさん食べたいとは思わなくなりました。焼き肉を食べにいったとしてもお酒とおいしい肉が数切れあればいい。コース料理は、フレンチだろうが中華だろうが、途中でお腹《なか》いっぱいになってしまってメインまでたどりつけません。普段の食事では、ご飯と味噌汁《みそしる》と漬物《つけもの》があれば十分です。

会社員時代はあまり実感できないかもしれませんが、定年になれば行動範囲も狭くなります。会社へ出勤しなくなれば、そもそも外出する必要がなくなりますし、再就職したとしても、会社帰りに飲みにいくようなことはすっかり減るでしょう。

それはつまり交際範囲が狭くなることを意味します。普段会う人の数が限られてくるわけですから。例えば、やり取りする年賀状の枚数も年々減っていきます。サラリーマン時代に百枚以上の年賀状をやり取りしていたとしても、おそらく最終的に残るのは数枚ではないでしょうか。でも、僕はそれで十分だと思っています。このことについては第2章で詳しく書きます。

家も肩書もいらなくなる

年齢とともに広い家も不便になってきます。60歳といえば、子どももとっくに独立したか、独立間近といった頃だと思います。すると家に住むのは夫婦2人だけ、ということになる。

それなのに部屋がいくつもある広い家に住んでいても意味はありません。掃除が面倒だし、固定資産税も馬鹿《ばか》になりません。子どもに残せば相続税だってかかります。であれば、そんな家はさっさと売ってしまい、それで得たお金を老後の蓄《たくわ》えにして6畳2間ぐらいのアパートに住んだほうがよっぽど経済的、という選択肢だって出てきます。節約になりますし、必然的にものを減らすことにもなります。

定年になり、会うことがなくなれば、いくら呼んでも前の会社の部下が自宅に遊びにくることもないでしょう。部下は、あなたが上司だったから仕事だと思って招きに応じたし、「素敵な家ですね」などというお世辞も言ったわけで、その関係がなくなれば、そんなことをする義理は元部下にはありません。そんな時間があったらデートしたり、友人と飲みにいったほうがよほど有意義《ゆうぃぎ》です。

余談ですが、定年退職したのにサラリーマン時代の肩書をいつまでも捨てられない人ほど迷惑なものもありません。どこまで出世したのか知りませんが、町内会の会合などに出席して、話し合いをワガモノ顔で仕切ったりしています。

しかし、元部下でもない近所の人からすれば、町内の単なるオッサンでしかありませんから、「何だ、この偉そうなオヤジは！」という反感を買い、煙《けむ》たがられるだけです。

その人にとっては、その肩書がよほどプライドになっているのでしょうが、もう使用期限切れなのですから、さっさと捨てて、本来の自分に戻ったほうがいい。生まれてきた時は肩書など持っていなかったはずです。

そういうつまらない「見栄」や「こだわり」は捨て、60代からは自分が本当に必要なものだけがあればいい。そんなふうに考えれば、おのずと必要なものが見えてきます。

03 自然の流れにはさからわない

前向きにあきらめる

自分にとって本当に必要なものを見つけるには、自然の流れに「さからわない」ことも大事です。

生活が縮小していく時に、今までのまま維持しようとするのは、さからうことになります。

物事にさからおうとするとパワーが必要ですから疲れます。

60代はなるべく節約志向でいきたいもの。テレサ・テンの歌のように「時の流れに身をまかせ」ればいいのです。

数年前から「アンチエイジング」という言葉を聞くようになりましたが、個人的にはあんな無駄なこともないと思っています。

いつまでも若々しくいたいという気持ちはわかりますが、それと「老いに抵抗すること」は根本的に違います。

生きている以上、老いるのは自然なこと。

それは、恥ずかしいことでも何でもありません。

そんなことに抵抗して、いらぬパワーやお金を使ってもしょうがない。大事なのは「いかに老いを受け入れるか」です。

そのあたりがわかっていないと、周囲から「いい年して」と言われることになってしまいます。

受け入れて、「いい感じ」に年を重ねれば、「渋《しぶ》い」とか「味がある」などと言われるのに、無理して若作りするから「いい年して」となってしまう。だから僕は、厚化粧《あつげしょう》で、香水プンプンの同年代の女性に遭遇《そうぐう》すると、「ああ……」という何とも言えないため息をついてしまうのです。

「さからわない」ということは「あきらめる」ことでもあります。「あきらめる」というと、ネガティブに捉えられることも多いのですが、僕はとても前向きな思考だと思っています。

5年間という期限付きの夢

以前「夢は9割叶わない」ということを発言したら、炎上《えんじょう》したことがありました。「夢を持った子どもたちにそんな否定的なことを言うなんて！」と、主に小さなお子さんを持つ女性からお叱りを受けてしまったのです。

しかし、これに関しては真意がうまく伝わっていません。

「総理大臣になりたい」「宇宙飛行士になりたい」「サッカー選手になりたい」。どれも立派な夢です。

「そんなもの、なれるはずがないだろう」なんていうつもりはありませんし、夢が叶うように頑張ってほしいと思います。

ただ、これらの夢の実現率は、1割どころか1％にも満たないはずです。総理大臣、俳優、歌手、スポーツ選手、僕の職業である漫画家だってそう。新人賞を取るほどの力のある漫画家であっても、その後もずっとプロとして描き続けられるのはほんのひと握りです。

プロの世界とはそういう厳しい世界です。

ですから、本気で目指すのなら「夢に期限を設ける」ことが絶対に必要です。僕もそうでした。

25歳でサラリーマンを辞め、「もし5年以内に漫画誌に掲載される作品が描けなければすっぱりあきらめよう」。

そう固く心に誓って漫画家人生をスタートさせたのです。

5年というのにそれほど大きな理由があったわけではありませんが、「30歳までには何とかしないと」という漠然《ばくぜん》とした思いと、「必死で5年間頑張ってもダメだったら漫画家には向いてないのだろう」という感覚がありました。

それ以上年を取ってしまうと、「別の職業でやり直すのが大変になる」という計算もあったと思います。

つまり自分なりに、いろいろと現状を考慮し、導き出した答えが「5年」という期限だったのです。

もちろん、小学生を相手にそんなことをいうつもりはありませんが、もし本気でプロを目指すなら、実現可能か否かは冷静に親が判断するべきではないでしょうか。少なくともプロ野球選手になるくらいの子どもなら、やはり小学生の頃から野球の実力は全国大会でも頭抜《ずぬ》けているはずです。

僕自身、絵がうまい漫画家だとは思っていませんが、それでも小学校の頃は、休み時間になるとみんなが僕の絵を見に集まるほど、絵は上手でした。小学校イチ足が速いわけでもない子どもは、どんなに鍛《きた》えても、まずウサイン・ボルト選手にはなれないでしょう。

こういう実現がとても難しい子どもの夢は、ある時期に周りの大人がちゃんと現実を言うべきです。

執着して大切なことを見誤ってはいけない

あきらめる力を身につけないと、35歳になるまで東京芸術大学を受験し続けた、僕の知人のようになってしまいます。

僕からすれば「美大に行きたければ他にもあるだろう」なのですが、なぜか彼は東京芸大に入ることにこだわり、受験し続けたのです。

でも結局、受からなかった。つまり、彼は20～30代中盤までという人生の貴重な時間を「東京芸大に入学する」ということだけに費やしてしまった挙句《あげく》、その目標すら果たせなかったのです。

あきらめた今は、ちゃんとした就職も難しくアルバイト人生です。

別に大学に合格することは人生のゴールではありません。いい大学に入ってもロクでもないやつはたくさんいます。もちろん、大学なんか出ていなくても立派な人もたくさんいます。

であれば、彼はさっさと目指す大学を変更し、別の美大の学生になるという最低限の目的は果たしてから、別の目標に向かったほうがよほど有益な人生だったのではないでしょうか。

ちなみに僕は、志望私立中学も志望大学も志望就職先もすべて第2志望です。プロになるきっかけだった漫画賞も佳作しかとれませんでした。石にかじりついても第1志望を目指すタイプではなかったのでしょうね。

もちろん、何を有益とするかは人それぞれですが、少なくとも僕はそんなふうに考えます。

おかしな「見栄」や「こだわり」「執着」といったものは、本当に果たすべき目標を見誤る原因にもなります。

自分の人生において本当に必要なのは何なのか、今何をするべきなのか、そういったこともわからなくなってしまうのです。

04 実践！「持ち物を半分にしよう運動」

捨てやすいものから捨てる

とは言え、いきなりつまらない「見栄」や「こだわり」を捨てろ、というのも難しいものです。そもそも何がつまらない「見栄」や「こだわり」なのか、自分ではなかなか気づきません。見栄というのは多くの場合、いつの間にか無自覚に張ってしまっているものだからです。

ですからまずは、身の回りのものを捨てることから始めます。持ち物を見ると自分がどんな人間かが見えてくるからです。

僕にしたってそうです。果たして僕が並べていたVHSビデオの映画は、本当に自分が観たいものだけだったのでしょうか。棚を見た人に「ヒロカネさん、こんなにたくさんの映画を観るんですね、すごい！」とか「こんな映画まで観てるなんて意外。やっぱり趣味が幅広いですね」などと言われたいという、つまらない見栄はなかったのか。恥ずかしながら、まったくなかったとは言い切れません。自分の持ち物は自分を映す鏡であり、自分の人生の遍歴《へんれき》でもあるのです。

処分する順番としては、やはり捨てやすいものから始めるといいでしょう。なるべく「本」や「写真」といった、「思い出が詰まっているもの」や「捨てたら二度と入手できないようなもの」はハードルが高いので後回しにする。

写真を整理していたら、「こんなこともあったなぁ」とか「あ、これ、〇〇じゃないか。今頃何してるんだろう」などと思い出に浸《ひた》ってしまい、まったくはかどらなかった経験は誰にでもあるでしょう。とかく思い出が詰まっているものというのは、ひと通り見たのに「捨てるものが全然ない」なんてことになりがちです。

片付けというのはやってもはかどらないと嫌になってしまいます。そして、「また今度でいいか」となってしまう。それでは一向に前に進みません。

そうならないためにも、なるべく思い入れがなく、短時間で効果が出るものを探してみましょう。

目標を決めておくことも大事です。僕が「持ち物を半分にしよう運動」と呼んでいたのもそのため。どこかに基準がなければ、極端な話、ひとつも捨てなくてもいいということになってしまいます。本当に必要なものであればそれでもよいですが、それでは片付けになりませんから、やはり目標は決めておいたほうがいいでしょう。

では、家の中をグルッと見回してください。そうすると目に飛び込んでくるものはありませんか。それはあなたが無意識のうちに「邪魔だな」とか「片付けなきゃ」と思っているものではないでしょうか。つまり、目障《めざわ》りだから目に飛び込んでくるわけです。

僕の例で言うと服がそうでした。特に目についたのがスーツ。漫画家というと部屋にこもってずっと机に向かっているイメージがあるかもしれませんが（もちろん、そういう日もありますが）、僕の場合は少し特殊で、ラジオ番組に出演したり、公演やイベントに呼ばれたり、会議や会合に参加したり、意外と外出する機会が多いのです。で、そんな時にいつも着ていくのがスーツなのです。どんな場に行っても失礼になりませんし、体型がカバーできるところも気に入っています。コーディネートを考えるのが苦手で、オシャレに自信がなくてもそれなりに格好よくキメることもできます。

着古《きふる》して、くたびれたスーツは躊躇《ちゅうちょ》なく捨てることができますから問題ありません。このあたりは人によって違うのかもしれませんが、思い入れが入り込む余地が少ないから、どんどん捨てられるのです。

ひとつひとつ吟味するのもいい

迷ったのは、かなり昔に買ったブランドもののスーツでした。高価だっただけに生地がしっかりしていて、見ようによっては新品同様。捨てたら申し訳ないような気がして、とても捨てる気になりません。かと言って、型が古いので着るわけにもいきませんし……ということは取っておいても絶対に着ることはない、ということでもあります。

いろいろ考えた挙句、それらは店に持って行き、新しいスーツに仕立て直してもらうことにしました。料金はかかりましたが、捨てるか迷っていたものが格好いいスーツに生まれ変わったので満足です。

片付けをしていると不要なのに、どうしても捨てられないものというのが必ず出てきます。それをどうするのか、考えるのもまた楽しいものです。頭の体操にもなります。

ある程度、処分が進み、半減するという目標を達成すると楽しくなってきて、処分のスピードは加速していきます。ダイエットもある程度痩せてきたら、楽しくなってどんどん進むのと似ています。そうなればシメたものですから、それが何なのか、まずはグルッと家の中を見回してみましょう。なるべく捨てやすくて、スペースを占領《せんりょう》しているものを見つけてください。

「捨てる時は思い切って、ひとつひとつ吟味せずに捨ててしまったほうがいい」という方法もあります。もちろん、できるならそうするに越したことはありませんし、そのほうが時間もかかりません。

ただ、本書は断捨離《だんしゃり》の本でもミニマリストを目指す本でもないので、そういう方法を特におすすめすることはありません。

60歳からの人生を身軽に生きるために、不要か否かをひとつひとつ吟味していくのが目的ですから、多少時間がかかってもそれはかまわないでしょう。

05 スーツを捨ててオシャレを楽しむ

ポロシャツをズボンにインしない

スーツを捨てる話をしたところで、こんなお話もしておきましょう。あまり他人のことを言えた義理ではありませんが、60代ぐらいのサラリーマンには、「洋服と言えばスーツぐらいしか持っていない」なんて人がけっこういます。

若い時はオシャレをしていたはずなのに、年齢を重ね、仕事が忙しくなってくると、少しずつオシャレをする余裕がなくなっていきます。

サラリーマンは、ほぼ毎日をスーツで過ごしますが、１週間のうち１日か２日だけ休日があります。

でも、たったそれだけのために洋服を買うのがだんだん面倒になったり、もったいなくなってくるのです。

結婚し、子どもができたりすると、さらに自分のファッションを気にする余裕はなくなっていきます。

その頃には「オシャレをしてモテたい」なんて意識もずいぶんなくなっていることでしょうから、選ぶ服はオシャレであることより、着ていて楽であることが重要視されていきます。

すると気がつけば、「休日に着ているのはゴルフウェアか子どものお下《さ》がりのジャージ」という、典型的な昭和のオジサンの一丁《いっちょう》上がりです。

ちなみに、多くのゴルフ場には「ポロシャツをズボンにインしなければいけない」というルールがあります。ですから、休日にゴルフウェアを着ているほとんどのオジサンがそうしています。これが、ゴルフウェアを「何となくダサい」と思わせている原因だと思います。

個人的には、ポロシャツだってズボンから出して着れば、もっとオシャレに見えると思うのですが。

せっかくスーツを半減させてスペースを空けたのですから、そんなオジサンにならないためにも新しい服を買うのもよいでしょう。

必要なものは買って、よりよい人生を

「やっと減らしたのにまた増やすの?」なんて声も聞こえてきそうですが、これは断捨離本でもミニマリストになろう、という本でもありませんから、よりよく生きるために必要なものは惜しまず買っていきます。いくつになってもオシャレであることは、僕は大事だと思います。そうしないとすぐに老け込んでしまいます。不要になったらまた処分すればいいのです。

何を買えばいいかわからない、という人はお店に行って、スタイリストが選んだマネキンが着ているものを一式買ってしまえばいいでしょう。そうすればコーディネートを間違うことはありません。

今はユニクロのような安いブランドの洋服がたくさんありますから、上から下まで揃《そろ》

えてもさほどお金はかかりません。ひと昔前は、安い服と言えば見栄えもそれなりでしたが、今は本当に変わりました。僕も近所へ散歩がてら、ユニクロで買い物をすることがよくあります。

店に行ったら店員さんに、どんな服が似合うのかを尋ねてみるのもいいと思います。自分では絶対に買わないような服をすすめられることもあるからです。どうしても着たくなければ仕方ありませんが、他人にすすめられるがままに買ってみるという冒険もたまにはいいのではないでしょうか。自分が好きな服ばかりを買っていると、似たような服ばかりになってしまいます。

自分に合った新しい服を買うと出かけたくなります。家から出たくなって行動範囲も広がるかもしれません。それも「身軽に生きる」ことです。

06 名刺と一緒にプライドも捨てる

名刺大国、日本

長いサラリーマン生活で自然に溜まっていくものといえば、「名刺」もそのひとつでしょう。

日本は名刺大国ですから、仕事関係だけでなく、飲みにいったり家電量販店へ行っても名刺をもらうことがあります。

サラリーマン時代に比べればだいぶ名刺交換の機会は減りましたが、そんな僕でも気がつけば名刺の束を持っていたりします。

近頃はスマートフォンを使ってスキャンするなど、手軽で便利な整理法がたくさんありますから、それを利用している人も多いでしょうが、そうやってきちんと整理した名刺を見返す機会はどのくらいあるのでしょうか。

仕事をしていると、もう何年も会っていないような人に連絡をしたくなるケースがあるのはわかります。

例えば、何か仕事でトラブルが起きてしまった時。「それを解決できる誰か……」と必死で記憶の糸をたぐると、「そうか、あの人なら何とかしてくれるかも」と思い浮かぶ人がいたりします。そんな可能性を考えると「一応取っておくか」となるわけです。

しかし、それで実際に連絡をすることはほとんどないはずです。もう何年も連絡していなければ部署を異動している可能性は高いし、すでに退社してしまっているケースだってあります。

そもそも向こうが自分のことを覚えているかもわからないわけですから、そんな人間からの急な頼みを聞いてくれるかだって怪《あや》しいもの。

ワラにもすがりたい気持ちをグッとこらえて、「連絡するだけ無駄か」と判断するのが普通です。

名刺を取っておくのは見栄

それでもどうしても連絡したければ、連絡先を知っていそうな知り合いをたどっていくと、たいていは数人でたどりつきます。

僕はやっていませんが、ツイッターやフェイスブックなどもある時代に、名刺がなければ連絡がつかないなんてことはほとんどありません。

特に名刺を見ても誰なのか思い出せないような場合は、さっさと捨ててしまって問題ないでしょう。

そう考えると「名刺を取っておく」という行為もひとつのつまらない見栄なのかもしれません。よく「○○会社の社長さんと名刺交換するのが目標」という人もいます。もらった名刺はサラリーマンにとって戦果《せんか》のようなものでもあるので、「こんな人と名刺交換した」ということがプライドになったりもするのです。

不要な名刺まで保存しているのは、つまらない見栄に縛《しば》られているせいかもしれません。名刺と一緒に捨ててしまいましょう。

07 本はすでに貴重な情報源ではない

「積《つ》ん読《どく》」本が増えていく

本好きにとって、本を捨てるというのは、なかなか苦痛を強《し》いられる作業です。僕も出版業界にいるくらいですから、言うまでもなく本は好きです。「持ち物を半分にしよう運動」で処分する本を選ぶのにもそれなりに時間がかかりました。

本というのは、本そのものが経年劣化《けいねんれっか》したとしても内容に変化はないわけですから、「もったいない」という意識が生まれやすい。加えて、今までに読んできた本というのは、その人が「人生に何を求め、何を考えて生きている人間なのか」ということを表すバロメーターみたいなところもありますから、少し大ゲサかもしれませんが、自分の一部を捨てるような痛みが伴うわけです。

しかも本好きというのは、よく書店に足を運びますから、普通の人よりも早めに本が増えていきます。書店には読みたい本がたくさん並んでいますから、そんなものを見つけてパラパラッとやってしまったらもう終わりです。読みかけの本があっても関係なく、買ってしまいます。

といっても急に読書時間を増やしたり、読むスピードが上がったりするわけではありませんから、「積ん読」本が増えていくことになります。読んだ本も捨てられないのに、未読の本が捨てられるはずがありません。

さらに、処分しようと思って本棚の本のタイトルをザッと眺めてみると、どれもおもしろそうというのも悩みどころです。

自分で読みたくて買った本ですから当たり前ですが、「センスある本棚だなぁ」などと悦《えつ》に入ったりします。

そして「いつか読もう！」と決意を新たにしたりして、一向に処分する本が決まりません。こうやって本好きの家の本はどんどん増えていくわけです。

僕の場合は、贈られてくる本というのもあります。知り合いの多くが作家や出版関係者ですから、「僕が書いた本です」とか「こんな本を作りました。時間があったら読んでください」なんて本が、ご丁寧にサイン入りで贈られてきたりします。そうなると、おいそれと処分するわけにもいきません。逆の立場で考えれば、やはりサイン本は捨ててほしくないなぁと思うわけです。

希少本以外は処分する

しかし、これに関しては、思い切って考え方を変えるしかないだろうと思います。

特に若い頃にはスマホはおろか、パソコンすらなかった60代にとって、本は大切な情報源でしたが、今はそれほど貴重なものではありません。Amazonやヤフオクなどで古本がいくらでも手に入りますから、「どうしても読みたくなったら買い直せばいいや」と思えば心の負担も軽くなります。希少本でない限り、送料込みでも５００円もかかりません。

「もったいない」で言えば、他のものにも共通しますが、それを保存するためにスペースをさいているほうが、僕はもったいないと思います。例えば、都内の6畳ぐらいのワンルームの家賃が7万円として、そのうち1畳が本に占拠《せんきょ》されていたとしましょう。そうすると、それらの本を所有しているだけで、毎月1万円ほどを使っていることになるわけです。

常に読み返すほど大事な本ならそれでもよいのでしょうが、そうでなければ「もったいない」のひと言です。

ちなみに本を処分する際は、一冊一冊吟味しないほうがいいかもしれません。つい読み返してしまったりして、なかなか作業がはかどらないからです。

僕も本の山の中に大学時代の法学部の教科書を発見し、つい作業の手が止まってしまったことがありました。

赤線が引いてあったり、大事なところに書き込みがしてあったり懸命に勉強していた頃を思い出して、ノスタルジーに浸ってしまったのです。

時にはお金がはさんであったり、見られたくないようなメモ書きがあるかもしれませんから中身は確認したほうがよいでしょうが、内容は読まないことがおすすめです。

08 捨てられないから保存するという労力

保存作業にかかる無駄な時間

パソコンやスマホなどのデジタル機器の普及《ふきゅう》で、さまざまなものを保存するのがずいぶん簡単になりました。

その気になれば本でも映像でも写真でも、多くのものをパソコンで取り込み、ハードディスクやクラウドといったものに保存することができます。「どうしても捨てられない」という人にはいい時代なのかもしれません。

しかし、その作業にかかる膨大な時間を考えると、僕はそれをまったくやる気になれません。

常に見返すのならやる意味もあるのでしょうが、仕事で忙しい毎日の中で過去を振り返っている時間などほとんどないのが現実です。

ちょっと長くなりますが、こんな話を聞いてください。

僕の知り合いに、やはり「捨てるのが苦手だ」という男性がいます。彼の趣味はサッカー観戦。

日本代表戦からJリーグの試合、果ては海外リーグの試合まで録画できるものはすべて録画していました。

録画し始めたのは今から20年ほど前ですから、保存先はやはりVHSカセットです。そうすると、VHSカセットはまたたく間に数百本になっていき、一人暮らしの生活スペースを奪っていくことになります。

「何とかしなくては！」と思った彼は8ミリビデオのデッキを買い、VHSカセットから8ミリカセットへのダビングを始めました。

ご存じない人もいるかもしれませんが、8ミリビデオのカセットの大きさはVHSカセットの1／3程度ですから、かなりの省スペースにはなります。

ですが、倍速機能などがあるわけではありませんから、6時間の映像をダビングするには、そのまま6時間かかります。仮にカセットが500本あれば、すべての作業を終えるのに3000時間！　なんと1日24時間、一睡もせずに作業を続けたとしても125日もかかるわけです。

もちろん、そんなことは実際にできませんから、彼のその作業は5年以上かけて行われることになりました。

ギリシャ神話の「シーシュポスの岩」のよう

ところが、そうしているうちにパソコンが進化し、大容量のハードディスクの値段も下がり、映像はパソコンへ保存するのが当たり前になりました。

すでに8ミリビデオの生産は終了していて、カセットの値段もバカになりません。すると彼は8ミリからハードディスクへのダビングを始めたのです。

彼に聞くと、その作業は今も終わっていないそうです。

なぜなら酷使《こくし》しすぎたせいか、8ミリビデオのデッキが故障してしまったのです。今、彼はネットオークションで8ミリのデッキを買おうか迷っているそうです。

僕はこの話を聞いて、ギリシャ神話の「シーシュポスの岩」を思い出しました。

シーシュポスは神々を二度もあざむき、罰を受けます。その罰は、巨大な岩を山頂まで押し上げること。

ところが、あと少しで山頂というところまでたどり着くと、岩はその重みでいちばん下まで転がり落ちてしまいます。

かくしてシーシュポスはこの作業を延々とくり返すことになるのです。保存という作業にも終わりはありません。

ちなみに彼に「そんなに苦労して見返すの？」と聞いてみました。

すると彼からは、「ダビング作業の時に見た以外に見返したことは、一度もない」という返答がありました。

まあ、本人が納得していればいいのですが、なんとも無駄だなぁと思います。

09 テレビに振り回されない

無目的なテレビ習慣とはおさらば

最後に、ものだけではなく「習慣を捨てる」というお話もしておきましょう。

最近ではテレビ離れということが頻繁《ひんぱん》にいわれますが、60代ぐらいの人の中には、別に観る番組がなくても、「とりあえずテレビをつけておく」という習慣がある人が多いと思います。

しかし、60になったらそろそろ「観たい番組がある時以外はテレビをつけない」という生活に変えていくべきでしょう。

60代にとってはもう少し先の話ですが、年金を頼りに生活する一人暮らしの高齢者には、何もすることがなく、1日中ダラダラとテレビを観ているという人が増えます。そんな生活を続けていると運動不足になり、ひどい時には引きこもりになってしまいます。引きこもると話し相手もいなくなりますから、認知症になる可能性も高まります。無目的にテレビを観るというのは、僕はあまりいいことだとは思いません。

僕は忙しいせいもあり、もともとテレビはほとんど観ません。仕事中につけていることもありますが、画面に目を奪われると仕事になりませんから、情報収集のために音声を聞いているだけ。好きで観るのは正月の箱根駅伝ぐらいです。年イチとはいいませんが、そのくらい番組を絞ってテレビを観ると、それはそれでなかなか楽しく、刺激的なものです。

習慣を見直す

そういえばここ数年、車の買い替えもやめてしまいました。

車が好きで、以前はよく違う車種に乗り替えていましたが、そうすると操作方法が変わってしまうので、それを覚えるのが面倒なのです。

若い時に比べると、物覚えや反射神経もにぶくなっていますから、不慣れな車に乗って事故を起こしたら大変です。もちろん、古くなったら買い替える必要がありますが、その時も同じ車種にします。交通事故で自分が死ぬだけならかまいませんが、他人を巻き込むわけにはいきません。

ここ最近は、高齢者を対象に運転免許証の自主返納《へんのう》をすすめる自治体も増えていますが、僕もいずれはそうするかもしれません。すでに何年も前から車は控《ひか》え、なるべく電車に乗るようにしているのです。

都内は渋滞が多く、車で出かけると早く着きすぎてしまったり、逆に遅刻してしまったりと、到着時間が読めません。

その点、電車なら時間は正確ですし、歩く量も増えますから運動にもなります。乗り換え案内という超便利なアプリもあります。

まだまだ車がないと生活できないところも多いと思いますが、60になったら少しずつ車に乗らない習慣も身につけていくといいでしょう。

第2章 友人を減らす

01

本当に信頼できる友がひとりいればいい

友達の多さで幸せは決まらない

さあ、持ち物を減らして少しだけ身軽になったら、ここからはさらに捨てにくいものの整理をしていきましょう。

この章で取り扱うのは友人です。こちらには意思がありますから、持ち物に比べたらなかなかの強敵です。

というのも、友人の数は多いほうが幸せである、と思っている人は、僕の印象ではけっこう多いのです。

「幸せ」というのが仰々《ぎょうぎょう》しければ、「豊かな人生」とでもいいますか。

80年代に「ネクラ」という言葉が流行《はや》った時、当時の若者はそう思われないように必死で手帳のアドレス欄とスケジュール欄を埋めました。

「私は友人が多く、いつもスケジュールが詰まっているネアカな人間です」というアピールです。

80年代といえば今から30年ほど前ですから、今60歳の人は30歳前後でしょう。もしかしたら、そんな時代の空気を今も引きずっているのかもしれません。

すでにアラフォーで、もとから少々ヒネクレた性格だった僕は、「意味のないことやってるなぁ」と眺めていましたが。

友達が多いほど「幸せである」というのは、あくまでもイメージに過ぎません。

友達がいないという人は、あまり人づき合いは上手ではないかもしれませんが、だからといって性格に難があるとは限りません。

好んで友人をつくらないのかもしれませんし。

逆に、親しい友人に囲まれて、毎日おもしろおかしくワイワイと過ごしていたからといって、その人の性格がいいわけでも、幸せとも限らない。

もし僕だったら、後者のような生活は苦痛で3日も持ちません。

60歳からの友情

友人が多いということは、それだけ、友人とのつき合いに時間をさかれるということでもあります。

基本的に友人との関係は「ギブ・アンド・テイク」で成立しています。友人に何かしてもらったらこちらも同等のものを返さなければならない。

別に贈りものの話をしているわけではありません。例えば、あなたが飲みにいきたいと思った時によく誘う友人がいたとします。で、その友人は誘うとたいていの場合、時間をつくって来てくれます。

ところが、その友人からの誘いを「ごめん、今日は忙しいんだ」などと言って、いつも断っていたらどうでしょう。

何回かはよいでしょうが、そんなことがずっと続けば、おそらく、その友人はあなたからの誘いも断るようになってしまうはずです。一方的にギブしているだけで、テイクがありませんから。

そして、それがきっかけで2人の関係は少しずつ疎遠《そえん》になっていくでしょう。もし、これが成立するとすれば、それは友人関係ではなく、主従関係です。

友人関係というのは案外、このような微妙なやり取りの上に成り立っています。ですから維持しようとすると手間暇がかかるのです。

へんに誕生日プレゼントでももらってしまおうものなら、「あいつの誕生日いつだっけ?」「何をあげればいいんだろう?」などと余計なことで悩まなくてはいけなくなってしまう。

極論ですが、そういう友人が365人いたら、1年中そんなことばかり考えなくてはならないわけです。

でも、60歳からはそんなことに時間をかけることはありません。そういう友人との関係は切ったほうが身のためです。

確かに、若い時は友人の多さが有利に働く場面がたくさんあります。特に仕事では人脈が大事になりますから、できるだけ多くの人と知り合いになっておくのは悪いことではないでしょう。

しかし、60歳近くになった今、会社員なら会社でのポジションもかなり明確になっているはずです。

具体的にいえば、まだ出世が見込めるのか、あるいはここ止まりなのか。

後者だから頑張らなくてもいいという話ではありませんが、今以上に人間関係を広げる必要はないでしょう。

人生の「結」に突入した60歳からは、信頼できる友人がほんの少しいればいい。

「親しき中にも礼儀あり」ですから、最低限のマナーを守るのは当然として、面倒なギブ・アンド・テイクなど考えなくても関係が壊れない、そういう友人だけがいれば十分なのです。

02 年賀状、中元・歳暮《せいぼ》はやめる

年賀状を書けば休みは減る

友人の中には年賀状のやり取りだけを長年続けている、という関係の人もいるでしょう。

今やLINEなどでのやり取りが当たり前になった若い人にはなくなりつつある習慣ですが、やはり60代にとってはなかなかやめにくい行為のひとつのようです。

僕の知り合いにも年末になると1週間もの時間をかけ、100枚以上の配達期限切れの年賀状を書いている人がいます。

でも、考えてみればとてももったいない話です。

特に1年中ほとんど休みのない僕にとって、年末年始は「ここしかない」というほどの貴重な休みです。

それを年賀状を書くということに費やそうとは、とても思えないのです。

どうしても年賀状を書きたいという人はそれでかまいませんが、特に忙しくなくても、年賀状を書く時間というのは僕はもったいないと思います。

60歳から平均寿命の80歳までは20年しかありません。ということは、迎えられる年末年始はあと20回しかない。

年賀状を書くよりも家族や年賀状のやり取りだけではない本当に親しい友人と楽しい時間を過ごしたほうがよほど有意義ではありませんか？

僕は毎年12月28日頃に仕事納めをし、次の日に温泉に1泊、そして30日にゴルフ、その夜にアシスタントや担当編集者と忘年会を開くのが、恒例の年末年始の過ごし方になっています。

申し訳ありませんが、年賀状など書いている時間はありません。それで怒られたことも不都合が起きたこともありません。

「出さない」ことが唯一の方法

年賀状をやめるためには、当たり前ですが「出さない」というのが唯一の方法になります。年賀状が届くと、「返さないと失礼になるだろうか」と不安になったりもしますが、そこで出してしまうと、また来年も届き、また返信しなければならない……というループが続いてしまいますからグッとこらえます。

その点、表も裏もパソコンで印刷しただけの近年の年賀状などは向こうの思い入れも少ないでしょうから気が楽です。余計なお世話ですが、こういう年賀状なら本当に出さないほうがいい。たぶん、出した方も覚えてないんじゃないでしょうか。

一枚一枚丁寧に心を込めて書いたような年賀状には、来年からは送る必要がない旨をしっかり書いた年賀状（もしくはお礼状）を送るといいでしょう。

「私も60歳を迎え、これからの人生の年末年始はできるだけ何もせず、ゆっくりと過ごしたいと思っています」などと、素直な思いを書けば、相手にも伝わるはずです。

もしかしたら「私もそう思っていた」と感謝されるかもしれません。

僕はそういう経験は一度もありませんが、人によっては「失礼だ」と怒るかもしれません。しかし、それで切れてしまうような関係なら、そこで切ってしまえばいいでしょう。友人を減らしている最中ですから願ったり叶ったりです。

お歳暮やお中元も同じです。こちらのほうが金額が高いぶん、もらったらお返しをしなければならない意識は強まりますが、どこかで断ち切らないと、いつまでも続けることになってしまいます。

1人5000円として10人で5万円です。それなら年末年始においしいものを食べたり、旅行をしたり、老後の資金にまわしたほうがいいでしょう。

お中元やお歳暮はもらったら返さないわけにはいきませんから、こちらも返すと同時に、「もうやめましょう」という旨のお礼状を添えればいいでしょう。

何人もの人に書かなければならない場合は、手間と時間がかかりますが、一度やっておけば、その後やる必要はありません。毎年、お歳暮やお中元のやり取りを続けることを考えれば、無駄な手間暇ではないはずです。

03

60歳からは「人は人、自分は自分」で生きる

この歳で劣等感を抱いてもしようがない

つき合いに多くの時間を取られる、ということ以外にも友人が多いデメリットはあります。

友人というのはたいていの場合、年齢が近く、身近な存在ですから比較対象になりやすいのです。

もちろん、比較することで自分に足りない部分を発見し、「それを補うためにどうすればいいか」というポジティブな方面へ思考が向かえば問題はないでしょう。

ただ、比較というのは、妬《ねた》みやそねみといったネガティブな感情を生み出す原因にな

りがちです。

若い時を思い出してください。

「あいつのほうが給料が多い」「あいつのほうがカミさんが美人」「あいつのほうがいい家に住んでいる」「あいつのほうが子どもが優秀」。そんなふうにあらゆることで友人や会社の同僚と比較しなかったでしょうか。

比較というのは、そもそも何となく劣等感を感じている部分に関してする傾向にあります。

「俺はこうだけど、あいつはどうだろう」そんなふうに弱気になっているから比較して「あいつも同じだ」と安心したいわけです。

比較の多くはそれが目的ですから、自分で何となく勝っていると思う部分に関してはあまり比較することはありません。つまり、比較した時点で必然的に劣等感を感じるケースは多いわけです。

しかし、60になってからそんなものを感じても仕方ないでしょう。どんな状況であっても「自分は自分、他人は他人」だと堂々と生きればいい。他人と比べることほどくだらないことは僕はないと思っています。

自分の人生なのだから何が幸せかは自分で決めればいいのです。人生の尺度《しゃくど》を持てば余計な感情に惑わされることはありません。

人生の尺度を持つ

人生の尺度を持つのはそれほど難しいことではありません。どんな小さなことにでも持つことはできます。

例えば僕はゴルフが好きですから、友人4人とコースに出たとしましょう。そうすれば当然、全員でスコアを競うことになります。

でも僕は、それとは別にいつも自分の目標スコアを「今日は90で回ろう」などと決めています。

すると友人の結果がどうであれ、関係ありません。みんなが叩いて、僕が1位になったとしても、僕のスコアが92だったら目標をクリアしていないわけですから僕の負け。

逆に、ビリでもスコアが89なら僕は勝ちなのです。

僕が受験生だった頃は大学入試の倍率は軒並《のきな》み30倍ぐらいでした。つまり、30人のうち1人しか合格できない。

これを「100人のうち96人は落ちるのか」などと考えてしまうと、「そんなもの受かるわけがない」と絶望的な気分になってしまいます。

でも、倍率に関係なく、大学のテストの合格ラインはどこも60～65％程度です。つまり7割を取れば合格できるわけです。

「100点満点中70点を取ればいい」と考えれば、そんなに難しいことではありません。余計なことと比較してもしょうがないのです。

僕は新人漫画賞の選考委員をしたこともありますが、600の応募作品のうち、550ぐらいは箸にも棒にもかからない作品です。

そもそも応募規定を守れていなかったり、ひとコマ目から説明文が長くて読む気にならなかったり、もっとひどいものになると広告の裏に鉛筆で描いてきたりと、ひと目で読むに値しないことがわかってしまいます。

そうやってふるいにかけると結局、残るのは50作品程度。そしてその中から吟味して10作品ぐらいに絞っていきます。

つまり、応募が６００あろうが、賞を取る可能性は50作品ぐらいなのです。おそらく、この割合は応募が増えても大きく変わらないはずです。50作品に残るクオリティの作品を描くことです。

きっと、競争率の高い女子アナなども同じなのではないでしょうか。

「１万人の希望者の中から選ばれた」などと言いますが、在京キー局の最終面接まで残るような人は、10〜20人といったところで、初めからほぼ同じ顔ぶれで争っているのだと思います。

「他人と比較しない」は僕の生き方のルールのひとつでもあります。自分の尺度さえしっかり持っていれば周囲がどうであろうとまったく関係ありません。

比較して惑わされるくらいなら、そんな友人もいらないのではないでしょうか。

04

人に囲まれる生活から、自分を楽しむ「孤独」の生活へ

『孤独のグルメ』に学ぶひとりの楽しみ方

「友人はいらない」などと言うと、「では、ひとりぼっちで孤独に生きていけばいいのか！」と反論される方もいるかもしれません。

これは「孤独」という言葉がいけないのではないでしょうか。孤独というと、どうしても寂しいイメージがつきまといます。周囲に誰もおらず、常にひとりで、人との交流を避け、いつもムスッとしていて笑顔はなく、気難《きむずか》しそうにも見える。確かにあまり人生をエンジョイしているようには見えないかもしれません。まぁ、他人の目なんて気にしなければいいだけの話ではありますが。

でも、孤独は本当に寂しいことでしょうか。

『孤独のグルメ』という漫画があります。松重豊《まつしげゆたか》さん主演でドラマ化され人気になり、僕もそちらで初めて内容を知りました。自分なりに楽しみを見つけ、自分なりに楽しみ、決して自分のペースを乱さない。そんな姿勢が多くの人の共感を呼んだのでしょう。

ご存じない方のために簡単に説明しておくと、ストーリーとしては特に何かが起きるわけではありません。

食べることが大好きな主人公が、仕事で行った先で「今日はここにしよう」と、とある飲食店にフラッと入ります。ちなみに、登場するのはすべて実際にあるお店です。そして、席についたところから「さて、何を注文しようか」という主人公の脳内の格闘技が始まります。

一度に食べられる量には限界がありますから、主人公にとって1食1食が真剣勝負です。メニューはもちろん、店の雰囲気や店員の態度、その時の自分の体調や気分、最近食べたものなど、あらゆる条件が思考の俎上《そじょう》に上がります。

そして、「ああでもない、こうでもない」と考えた結果、主人公が何を注文するのか。

そのあたりの思考プロセスを見せるのがドラマのメインになっています。

もちろん、どれだけ考えても「単純に美味しくない」とか「期待していたものと違った」とか、失敗はあります。それが経験となり、また翌日からの店選び、メニュー選びに反映されていくわけです。

感動とか衝撃とかいったものとは無縁ですが、主人公がひとりで楽しそうで、何の気なしに観始めると、ついつい最後まで観てしまう番組です。周囲の人たちと乾杯を重ねて楽しく飲む『吉田類《よしだるい》の酒場放浪記《さかばほうろうき》』と対極にある番組です。

楽しみ方次第で「孤独」も贅沢な時間に

どんなことでも、ひとりで楽しめる人の人生は豊かです。

だとすれば孤独などまったく寂しくないし、恐れることもないでしょう。

僕自身、性格は明るくて社交的なのですが、孤独は嫌いではありません。というより、かなり好きなほうでしょう。

僕が孤独になるのは、仕事場近くのファミレスで漫画のネーム（あらすじ）を考える時です。

仕事場には数人のアシスタントが常にいますし、外出するのはほとんどが誰かに会いにいく用事のある時ですから、なかなかひとりになる時間はありません。ですから、このファミレスで漫画のネームを考える時が、数少ない孤独な時間ということになります。

なぜ僕がファミレスへ行くのかといえば、そのほうが集中できるからです。周囲がザワザワしているから、より孤独を味わえる。僕にとって、孤独というのは贅沢な時間なのです。

孤独を楽しむには、そこに自分で何らかの楽しさを見出す必要があります。

僕もファミレスに来ているいろんなお客さんを見ながら、「この人は今どんな生活をしていて、どういう人生を歩んできたんだろう」と想像することがあります。しゃべり方や表情やしぐさ、着ているものから一緒にいる人まで、いろいろな情報をもとに想像をふくらませていくわけです。なんとも安上がりな遊びでしょう？　孤独を楽しむことは節約にもなるのです。

05 頑固にならず柔軟に

年を取れば頑固になってしまうもの

友人を減らし、孤独を楽しむということは、わがままになることではありません。

特に「自分のペースで生きる」などと言うと、好き勝手に生きてもいいようなイメージを持ってしまいそうですが、もちろん事はそう単純ではありません。

そもそも人間というのは、年を取ってくると自然と頑固になっていきます。あなたにも思い当たる節があるでしょう？　それまでの人生経験で得た、自分なりの信念やルール、常識や思考法のようなものがありますから、他人の言うこと、特に若い人の言うことが耳に入ってこなくなるのです。

「年を取ってから医者の言うことが素直に聞けなくなってきた」と言う知人がいました。

病院に行くと医師のほとんどが年下のため、「お前みたいな若造に俺の身体のことが本当にわかるのか？」と思ってしまうのだそうです。

もちろん、その知人も医学の専門知識は医師のほうが上なことは重々承知しています。ただ、「俺との身体のつき合いは俺のほうが長いのだから、俺の身体に関しては、お前より詳しい。今日初めて診たお前に何がわかるのだ」などという感情が沸《わ》き起こってしまうのだそうです。

最終的には医師の言うことを聞くそうですから、僕は「じゃあ最初から素直に聞けばいいのに」と思うわけですが、こういうのもひとつの頑固さの表れなのだと思います。

よく同い年ぐらいの友人から「新しく買った機械の使い方がまったくわからない」という愚痴を聞くこともありますが、それも原因は頑固さゆえだと思います。

普通の家庭で使うような機械であれば、たいていのものは子どもでも使えるようにつくられているわけですから、年を取ったから使えない、ということはまず間違いなくありません。説明書をきちんと読み、その通りに操作すれば、何歳になっても使い方がわからないなんてことはないはずです。

ところが、年を取ってくると「このスイッチを押せば動くはず」などという長年の経験値がありますから、ろくに説明書を読もうともしません。

でも、スマホを例に取れば、スイッチそのものが昔の機械とはまったく違った形をしています。しかも「長押し」などという、昔の機械にはない概念まで導入されている。ですから、「使い方がわからん！」ということになるわけです。

嫌われ者は「孤独」ではなく「孤立」する

これがアプリになると、さらに難解さは増します。説明書はありませんから、人に聞いたり、ネットで検索するなどして、自分で積極的に使い方を調べなければなりません。せっかくダウンロードしたのに使い方がわからず、イライラして即削除なんて経験もあるのではないでしょうか。

相手が機械やアプリならまだよいですが、これが人になってしまうと嫌われる原因になります。

若い人の言うことがよくわからない。自分の常識と違う。人間とはかくあるべきなのに！　そんな思いにかられるとイライラして、ひどい場合になると、暴力事件になったりするわけです。

ここ最近、すぐにキレる高齢者が、「暴走老人」などと呼ばれ、そういった人が起こした事件を見聞きすることも増えましたが、やはり頑固さが原因なのだと思います。「年長者なのだから俺の言うことを聞け」「少しくらいわがままをしても許されるはず」。そういう態度だと周囲から嫌われ、浮いてしまいます。それは「孤独」ではなく、「孤立」です。

孤独を楽しむことはできますが、孤立すると人生には損しかありません。困った時に誰も手を差し伸べてくれないからです。

自分のペースは大事ですが、周囲に迷惑をかけてはいけません。僕のファミレスの楽しみも、『孤独のグルメ』の主人公も、孤独は楽しみつつ、誰にも迷惑をかけていることはありません。

06 「孤独力」を身につける

ソローに倣う孤独生活

孤独になりたければ、いくらでも方法はあります。

その気になれば山小屋で炭焼きを始めてもいいし、山にこもって自給自足の生活を始めてもいいでしょう。

アメリカの思想家で作家のヘンリー・D・ソローは、森の湖畔《こはん》に自作の丸太小屋を建て、自給自足の生活を始めました。

その記録をつづったのが名著『ウォールデン　森の生活』。

彼は社会にまみれ、汚れることをよしとしなかったのです。機会があれば一読をおすすめします。

ちなみにソローは友人に関するこんな名言も残しています。

「友を探し求めるものは不幸である。というのは、忠実な友はただ彼自身のみなのであるから。友を探し求めるものは、己自身に忠実な友たりえない」

簡単にいえば、「自分のことをいちばん理解している友は自分自身である。だから真実の友を追い求めるのは無駄であり、不幸である」ということになるでしょう。社会を嫌い、ひとりで森にこもったソローらしい考え方です。

しかし、僕からするとそこまでストイックになるのは少々窮屈《きゅうくつ》な気がします。

僕も漫画家ですからソローと同じく、紙とペンさえあれば、どこでも仕事ができる職業です。

孤独になりたくて、「いっそ無人島にでも移住してやろうか」と思ったことがないと言ったら嘘になります。

でも、考えてみたら僕は大自然の中より都会が大好きですから、無人島など1週間もすれば飽きてしまい、そんな生活が送れるとは思いません。

どんな場所でも自分から孤独を望む

もしかしたら最近流行りの田舎暮らしも方法としてはあるのかもしれませんが、僕も山口県の岩国市という（東京から見れば）田舎の出身ですから、田舎特有の排他的な雰囲気も知っているつもりです。

過疎化を防ぐために住まいや仕事を安く提供して、移住者を募《つの》っている自治体も最近は増えているようですが、特に都会暮らしが長い人ほど田舎に溶けこむのは難しいのではないでしょうか。

テレビなどで観る楽しそうな生活を鵜呑《うの》みにして、田舎暮らしなどを始めると「こんなはずじゃなかった！」と、きっと後悔することになると思います。

現実はドラマや映画の世界ではありませんから、都会の人は冷たくて、田舎の人は心があたたかいというほど単純ではありません。

これは若干の偏見《へんけん》も含むかもしれませんが、田舎の人ほど、他人の生活に口を挟《はさ》みたがります。

それを親切と感じられているうちはいいですが、普通はやはり「おせっかい」に変わってしまうのではないでしょうか。

改めて言うまでもありませんが、「孤独」というのは、単純にひとりの状態を指す言葉ではありません。

僕のように客がたくさんいるファミレスにいても孤独を感じることができる。

僕はこれを「孤独力」と呼んでいます。

どんな状況でも望んで孤独になる力のことです。

もし、友人を減らすことにまだ抵抗があるなら、「孤独力をつけよう」と思ってみてはどうでしょう。

時々、みんなで飲んでいるのに急にひとりでスマホを取り出し、平気な顔でイヤホンで音楽を聴き始めるような変わったやつもいますが、あれも孤独力かもしれません。特に迷惑をかけているわけでもないので、みんな呆れながらも不思議と憎《にく》めないのです。

そうなればシメたものです。

07

くだらない連帯責任に巻き込まれない

友人が多いほど巻き込まれる

僕が友人は減らそう、というのには、ひとつには日本特有の連帯責任が嫌い、というのもあります。

例えば今でも学校の部活動では、部員のひとりが何か不祥事を起こすと、その部全体に罰が与えられる、という現状があります。

不祥事を起こした生徒以外がどんなに真面目に生活し、長い間一生懸命練習をしてきたとしても、そういうことは一切無視して「公式大会には出場停止」か、もっとひどいと「廃部」といった罰を受けるわけです。

これは、理不尽以外の何ものでもありません。

企業にも同様のことがあります。ある企業で不正が発覚したとしましょう。最初はどうにかもみ消せないかと右往左往《うおうさおう》しますが、マスコミの追及が激しく、逃れられないと思うと今度は急に記者会見を開き、経営陣と呼ばれるお偉いさんが数名出てきて、一斉《いっせい》に頭を下げたりするのです。そして何時間聞いても結局はよくわからない弁明をくり返したりします。

不正があったらきちんとその原因を究明し、トップが謝罪するなり責任を取るのは当然のことでしょう。

しかし、トップが直接関わっていない案件で、現場で不正を起こした張本人を表に出すことなく、トップが代わりに頭を下げて「ハイ、オワリ」という日本の図式も納得いきません。

いったい責任の所在はどこにあり、何が悪かったのか。部活の例とは少し方向が違いますが、これも悪しき連帯責任の例のひとつだと思うのです。

連帯責任とは、簡単にいえば巻き添えです。

連帯責任で罰せられる人は、自分に非がないにもかかわらず、責任を追及され、何らかの罰を受けることになるわけです。

しかし罰を受けた本人は、自分に非はないと思っているのですから、どんなに罰せられたところで反省しようもありませんし、部活の例で言えば、不祥事を起こした生徒への恨みしか持ちえません。

では、なぜそんなことがまかり通っているのでしょうか。

僕にはまったく理解できませんが、それが日本の悪しき慣習なのでしょうし、当然ですが、巻き添えというのは友人・知人が増えるほど巻き込まれる可能性は高くなります。

自分で決断することで「孤独力」はつく

逆にここ数年で「自己責任」という言葉も聞くようになりました。どんな行動も自分の責任になるということです。

自己責任のもとでは、「○○さんがそう言ったから」などという言い逃れは基本的には通用しません。

例えば親から「公務員になれ」と言われたとします。

しかし、勉強して、試験に合格し、公務員になったのはあなた自身ですから、実際になってみた公務員の仕事が自分に向いていなくても、退屈でも、給料が安くても、親を恨んではいけません。

それが自己責任というものです。

そうならないためにも他人（親といえども自分ではないのだから他人です）の言うことに流されず、最終的な決断は自分でしなければいけないのです。

何事も自分で決断するというのは、勇気のいることですし、孤独です。どんな失敗も何が起きてもそれは自分のまいた種だと受け入れなければならないのは、しんどいことです。

それを受け入れられるようになった時が、本当の意味での「孤独力」がついた時なのだと思います。

08 同窓会で今の自分を確認する

昔の友情には損得勘定がない

孤独力をつけるというのは、別に新しい友人をつくるのをやめましょう、という意味ではありません。

第1章でスーツを捨て、新しい服を買うことをおすすめしたように、新しく信頼できる友人をつくることは、60歳からの人生を豊かにしてくれるはずです。

とはいえ、60を過ぎてから、信頼できる友人をつくるのはなかなか難しいでしょう。

大人は子どものように損得勘定抜きに、人とつき合うのが苦手です。大人になってから知り合う人の多くが仕事関係ですから仕方ないのですが、つい長年のクセで「この人は俺とつき合ってメリットがあるのだろうか」などと余計なことを考えてしまったりするわけです。

もちろん、子どもの頃にも「お金持ちの子と仲よくなれば、高くて自分ではとても買えないような漫画を貸してもらえる」とか「家に遊びに行ったら美味しいお菓子を出してもらえる」などの打算はあったかもしれません。

しかし、むしろそんなことのほうが珍しく、ほとんどの仲がよい子どもとはメリットの有無に関係なくつき合っていたはずです。唯一メリットがあったとすれば「一緒にいて楽しかったこと」くらいでしょう。

僕のように田舎から上京して50年も経つと、そんなかつての友人と会う機会は同窓会ぐらいです。

一般的に年齢を重ねるほど同窓会の誘いは増えていくようです。もう誰もが何となく、会えるチャンスが少なくなっていくことを自覚していますから、なるべくそういう機会をつくろうとするのでしょう。

だからというわけではありませんが、僕が卒業した中高一貫校では、年に1回のペースで同窓会が開かれています。

中学から高校までの6年分の同窓生が全国から集まりますから、大規模な会場を借りて行われます。

仕事が忙しく、いつも行けるわけではありませんが、なるべく時間をつくって参加するようにしています。

旧友の現状を聞けば、自分の立ち位置もわかる

参加したことがある方はおわかりだと思いますが、同窓会というのはおもしろい場で、基本的に人生がうまくいっているやつしか参加しません。

必ず「お前、今何やってるの？」という話になりますから、その質問に答えづらいやつは顔を出さないのです。

そうなると場は必然的に明るい雰囲気になります。大企業のサラリーマン、工場勤務、大学教授、医者、弁護士など、職種や立場はさまざまですが、同窓会の場ではそんなもの関係ありません。

会社ではずいぶん出世して、普段は大勢の部下に偉そうに命令しているようなやつでも、遠慮なく頭をはたかれたりします。

親のこと、子どものこと、孫のこと、仕事のこと、お金のことなど、同級生が抱える思わぬ現状を聞くこともあります。

「他人と比較するな」が僕のモットーですが、時にはそんなふうに自分の立ち位置を確認するのも悪いことではありません。

もちろん、同窓会に参加したからといって、かつての友人とかつてのような関係に戻れることはほとんどないでしょう。でも、友人ってなんだろうと改めて考えるきっかけにはなりそうです。

09 異性とのつき合いも楽しむ

60歳からは男女の友情もあり！

同窓会に行くと、多くの異性の友人にも会うことになります。自分のことを棚に上げて言うのも何ですが、みんな見事なおばあちゃんです。

よく「焼けぼっくいに火がつく」などと言いますが、60代後半同士ではそんな色っぽい雰囲気は期待できません。

異性とのつき合い方も年齢とともに変わってきます。血気盛んな若い男にとって、女性は女性でしかありませんから、友人として見ることはおそらくできません。

友人の中には「男と女の友情は成立する」などと主張する男もいましたが、「じゃあ、お前は友達の女のコが目の前で裸になっても絶対に何もしないんだな」と総攻撃を受け、たいていはシュンとして引き下がってしまいました。

僕自身も40代ぐらいまでは男女間で友情が成立するという意見には懐疑的《かいぎてき》だったのです。ところが、この歳になってからは完全に「成立する派」に鞍替《くらが》えです。

ひとつには冒頭で述べたように、知り合う女性の年齢が自分の歳相応になる、ということが挙げられます。20代や30代というよりは、40代、50代以上が増えてくる。そうすると若い時のような見方を女性に対してできなくなるのです。

駆け引きがない男女関係も楽しい

もうひとつは自分自身の精力減退というものがあります。

もし、20代の女性と知り合い、知らぬ間に意気投合し、まかり間違ってそんな雰囲気になってしまったとしても、自分に自信がありませんから、どうすればそんな雰囲気から逃れられるかを真っ先に考えてしまうでしょう。

例えば、お酒に酔ったその場のノリで「今度2人だけで飲みに行こうよぉ」などと女性を誘ったら、「いいわよ」という返事があった時、どうしますか？

もしかしたら女性にからかわれているんじゃないかと思い、どうしていいのかわからなくなって、結局は実現しないということになったりしませんか。でも、女性とのこのような関係を僕はとても楽しいと思っています。性欲というのは煩悩《ぼんのう》ですから持っていると振り回されます。そのせいで多くの男性は恥ずかしい失敗をしているはずです。

しかし、それがほとんどなくなってしまったら、女性とのつき合いは、変な煩悩にとらわれず、ただ楽しいだけで、とても楽になります。

特に僕が好きなのは同世代の女性との懐かしい話。「あの頃、あんなだったね」とか、「こんなものが流行ったね」という同世代トークほど盛り上がるものはありません。

そこには男女間によくあるような駆け引きや打算といったものは無関係です。

しかし、男同士の会話ともまた違います。やはり、そこは男と女、若干のワクワク感と2人っきりになった時の緊張感もあります。

カウンターで並んで座った時、男同士だと肩がふれあったら、少し離れたりしますが、相手が同世代でも女性だったら悪い気持ちはしません。男と女って不思議なものですね。

第3章

お金に振り回されない

01

老後不安とは、すなわちお金の不安である

人生の困難の9割はお金で解決できる

不要品を処分し、薄いつき合いの友人と決別したあなたが、この章でお別れするのは「お金」です。といっても、今までの章のように「お金を捨てろ」というわけではありません。一気にパーッと使って身軽になりましょう、なんて提案でもない。主にこの章で伝えたいのは、お金に対する考え方を変えましょう、ということです。

本書をここまで読んでくれている人の多くは、今後の人生をどう生きるべきなのか、漠然と不安を抱えている人なのだと思います。

だから、そのヒントのようなものが欲しくて、本書を購入してくれた。そして、そう

いうヒントを集めて、不安の正体が何なのかを突き止めたい、そんなふうに思っているのではないでしょうか。

では、そんなあなたにズバリ言いましょう。老後不安であれ何であれ、不安というのは、つまるところお金の不安です。

少なくとも日本という文明社会に生きている以上、人生の大半の不安は、お金に対する不安に尽《つ》きる。たとえ山にこもって自給自足の生活を始めたとしても住民税は納めなければいけないのですから、完全にお金と無縁《むえん》の生活はできません。

こんなことを書くと、「いや、お金で解決できないことはたくさんある」という反論をいただきそうです。

では試しに、あなたが今不安に思っていること、悩んでいること、迷っていることを、何でもけっこうですから10個思い浮かべてください。どんなに大きなことでも小さなことでもかまいません。手元に紙があれば書き出してみると、より明確になると思います。

想像しましたか？　では、その10個の中に、「お金で解決できないこと」は、いくつあったでしょう。

あなたの貯金額や使える金額を考慮する必要はありません。アラブの石油王にでもなったつもりで、問題解決のために湯水のごとくお金を使ってみてください。どうせ想像の世界です。どんなに無駄遣いしても誰のふところも痛みません。「1等7億円の宝くじが当たったら何に使おう」と考えるように、楽しみながらやってみてください。

さあ、いかがでしょう？　どんなに大きな悩みが10個並んでいても、おそらくお金で解決できないことは、多くてもひとつか2つだったのではないでしょうか。そうです、人生の困難の9割はお金があると解決してしまうのです。

待機老人もお金で即解決！

こんなことを書くと、さらに「ヒロカネは拝金《はいきん》主義者か！」と誤解されてしまうかもしれませんから、少しゆっくり説明しましょう。

例えば、介護が必要な親を老人ホームに入所させたいのだけど空きがない、という悩みをあなたが抱えていたとします。

最近よく聞く「待機老人」の問題です。でも、これもお金があれば即解決できてしまいます。

お金があれば、そもそも老人ホームの空きなど待つ必要がなくなります。お金があるのですから、近所に土地を買い、親専用の老人ホームをどーんと建ててしまえばいいのです。たっぷりと給料を払って、スタッフも一流どころを集めます。

もちろん、もっと安価に、近くに広めの部屋を借り、親にそこに住んでもらってもいいでしょう。

こちらでもたっぷりと給料を払い、一流のスタッフに集まってもらいます。

もし、それでも親に不平不満があるようでしたら、そういうひとつひとつにもきちんと耳を傾け、お金を使ってどんどん解決していきます。

そうすれば、あなたは親の介護から解放され、自由に自分の時間を生きることができます。

ただし、親が寂しがらないようにあなたが顔を見せてあげる、ということはあなた以外にできる人はいません。

親に顔を見せ、会話をし、気遣っていることをちゃんと伝える。これはお金がいくらあってもあなたがやる以外に方法はないでしょう。

新しいお金の考え方

こんなふうに考えれば、「仕事ができない」「痩せたい」「薄くなってきた頭髪を何とかしたい」など、ほとんどの悩みはお金で解決できるはずです。

仕事の能力など自分になくても優秀なスタッフを雇い、そのアドバイスを受けながら仕事を進めれば、仕事のできるやつになれるはずです。

もっといえば、その優秀なスタッフに代わりに働いてもらえばいい。仕事で大切な交渉事などもお金があれば、相手は首を縦に振るでしょう。

お金で解決できないのは「世界平和」と「不老不死」くらいではないでしょうか。

ですから、「なるべくたくさんお金が欲しい」「何があっても困らないように貯金しよう」と普通は考えます。

お金さえあれば、どんな不安も９割が解決できるのですから、それが当たり前の思考回路というものです。

ですが、だからこそ、ここで思い切って発想を逆転させてみたいと思います。

どれだけ頑張ったところで、そんなにお金を稼げることは、まずありません。であれば、お金のある・ないでものを考えてもしようがないのです。

お金には「いくらあればいい」という上限がありません。あればあるほどいいのですからキリがないのです。

食べ物であれば、食べ続ければいつか「もういい」という満腹状態が訪れますが、お金にはそれがありません。

「いくらあっても足りない」のであれば、「じゃあ、いくらでもいいじゃないか」というのが僕の考えです。

お金は大事なものですが、逆にいえば「その程度のもの」でもあるのです。ないからといって不安になってもしようがありません。

02

お金に振り回されず、生活をサイズダウンする

日本人はなぜ老後の備えを不安がるのか？

それなりにお金があったところで、「不安は解消しない」というのは、こんな調査結果からもうかがい知ることができます。

２０１６年版の「高齢社会白書《はくしょ》」（内閣府）によると、「老後の備えを50代まで何もしていなかった」と回答した日本人は42・７％でした。この意識調査は日本、アメリカ、ドイツ、スウェーデンの60歳以上の男女を対象に行ったもので、いちばん多かった日本に続いて、ドイツ26・１％、スウェーデン25・４％、アメリカ20・９％という結果になりました。

また同じ調査で、「今の貯蓄や資産が老後の備えとして足りない」と回答したのも57％で、日本人が最多でした。２位はアメリカ人の24・9％ですから、じつに30％以上もの開きがあります。

しかし、諸外国に比べて高い貯蓄率を誇るのが日本人です。仮に１００万円あれば70万円は貯蓄にまわし、残りの30万円を投資や遊興費《ゆうきょうひ》に使おう、と考えるのが典型的な日本人ですから。

対してアメリカ人などは、「最初に楽しむ」という発想ですから、日本人とは真逆で、70万円を遊びに使い、30万円を貯蓄にまわそうとするでしょう。当然、貯蓄率は日本より低くなります。これはおそらく欧州諸国の人たちでもさほど変わらないでしょう。

では、どうしてそんな堅実な日本人が、断トツで「今の貯蓄や資産が老後の備えとして足りない」と回答するのでしょうか。

日本が世界に前例のない高齢化社会になっているという点は見逃せないでしょう。今や日本の人口の約８％にものぼる１０００万人が80歳以上です。誰もこんな社会を経験したことがないのですから、不安になるのはわかります。

そもそも昔はこんなにお年寄りが多くありませんでしたから、「老後不安」など感じる機会もあまりなかったのでしょう。

平均寿命も今ほど長くありませんでしたから、「すぐに迎えが来るから貯蓄なんてしなくてもいい」という感覚だったのではないかと思います。思えばいい時代だったのかもしれません。

60からは生活もお金も身の丈《たけ》に合わせる

しかし現在は、65歳で定年してから平均寿命まで、約15年もありますから、嫌でも貯蓄を意識します。

しかも世間には、「老後の生活にはこれだけ必要」なんて情報が飛び交っています。『下流老人』などという本が売れ、流行語になれば、さらに不安は募ります。

断言しても良いですが、老後不安というのは、いつまでも今と同じ生活を維持したいと願えば絶対になくなりません。すでに記したように、お金というのはいくらあっても上限がないわけですから、どれだけ貯金しようとも新しい不安が生まれるだけなのです。「この不安はいくらで解決できた」「でも、この不安はどうしよう」「それを解消するにはあといくら必要だ」と考えることは、不安を解消することではなく、不安を追い求めていることにならないでしょうか。

おそらく読者の中には、いつか自分を襲うかもしれない大病に備えて貯蓄をしている人も多いでしょう。

現在、日本人の病死の原因の1位はがん（悪性新生物）です（厚生労働省「人口動態統計月報年計（概数）の概況」より）。そのほかにも糖尿病、心筋梗塞、脳卒中など、恐ろしい病気は数多くあります。

そんな病気にかかっても治療できるくらいの貯蓄をしておきたい、と思うのは当然のことです。

ただ、どんな病気にかかるのかは、なってみないと誰にもわかりません。その貯蓄でその治療費はまかなえるかもしれませんが、思ったより術後の経過がよくなかったり、後遺症が残ったりして、入院日数が予想以上に長くなったら？　がんであれば何度も転移して、そのたびに手術が必要になるかもしれません。がんと糖尿病と心筋梗塞と脳卒中が一度に襲ってくる可能性はゼロでしょうか？

そんなふうに考え始めると、いくらあってもお金は足りません。いったい、いくらあれば不安はなくなるのでしょう。

「だから貯蓄なんかしなくていい」などと言いたいわけではありません。

お金なんかいらない、と言いたいわけでもない。

言いたいことは、お金なんかに振り回されず無理なく生活しましょう、ということなのです。

そのためには、身の丈に合わせて生活をサイズダウンすることです。

すでに60からの人生は縮小期だと記しました。特に定年後は、それまでの給料はなくなり、収入はわずかな年金と再就職先からもらう給料だけになるでしょう。

それ以外は貯蓄を切り崩していくわけですから、それが必須になります。

03 お金を無闇《むやみ》に増やそうとするから損をする

正しい知識がないから騙《だま》される

お金なんてあるだけでいいじゃないか。

そんなふうに考えることができれば、無闇にお金を増やそうという発想自体がなくなります。

すると例えば、詐欺《さぎ》などにも騙されなくなるでしょう。

最近は高齢者を狙った詐欺が増えています。

しかし、60年以上も生きていれば、「元本保証で資産が倍になりますよ」なんてうまい話がないことは誰だって知っているはずです。

ですから、そんなニュースを見聞きすると、「何でそんな手口に引っかかるんだ?」と不思議に思ったりします。

また、「きっと被害者はよほど欲をかいていたんだろう」「自分はしっかりしているから、そんな手には騙されないぞ」などと思ってしまうのです。

しかし、詐欺師というのは人の弱みにつけ込むプロです。

老後資金に不安を抱えているあなたに言葉巧《たく》みに近寄ってきて、「しっかり貯金はしていますか」「老後というのはこんなにお金がかかりますよ」とデータなどを見せてきます。

そして、さらにあなたの不安を増大させるような話をしてくるわけです。

その時、自分の尺度をしっかり持っていれば、「一般的な老後にはそのくらいかかるかもしれないが、自分の老後には関係ない」と毅然《きぜん》とした態度を取り、追い返すことができます。

しかし、自分の尺度がないと、どんどん不安になり、詐欺師につけ入るスキを与えてしまいます。

尺度を持てば、詐欺師は寄ってこない

何度も言いますが、お金というのはいくらあっても足りないものです。「これだけあれば大丈夫」という上限はありません。ですから、自分の尺度を持つことが必要になる。そうすれば詐欺師につけ入られるスキはなくなるはずです。

詐欺師は不安を煽《あお》るだけでなく、話し相手のいない高齢者に、親切な人の振りをして近寄ってきます。

何度も足繁《しげ》く通い、不平や不満を聞き、時には行列に並ばなければ買えないような人気の手土産を持ってくることもある。そうやって信用させたところでお金の話を切り出します。

すると、「こんなに親切にしてもらったのに断ったら悪い」という感情が芽生え、少しくらいならいいかと判を押してしまうのです。

単身で暮らす僕の知人の母親も、こういった保険外交員の勧誘を受け、知らないうちにいくつもの保険に加入してしまい、ひと月の払いが30万円を超えていたことがあったそうです。

幸い気づいた家族が急いで解約させ、大きな被害にはならなかったようですが、知人の母は今でもその外交員を信用し、好意を抱いていると言います。言うまでもなく生命保険なども老後不安を解消してくれるもののひとつです。

不安が冷静な判断力を奪うという点では「振り込め詐欺」などもそのいい例でしょう。

警察庁によれば、「振り込め詐欺」や「還付金《かんぷきん》詐欺」などをはじめとする「特殊詐欺」の2015年の被害総額は、476億8000万円でした。

被害額は6年ぶりに減少したものの、65歳以上の被害件数は全体の76・7%を占め、この手の詐欺のほとんどが高齢者を狙ったものだということがわかります。

かくいう僕も振り込め詐欺の電話を受けたことがあります。

もう20年以上前のことですから、まだ振り込め詐欺という言葉もない時代でしたが、「女性を妊娠させてしまったから堕胎《だたい》手術をするためにお金を貸してほしい」という電話がかかってきたのです。

電話の相手は名乗りませんでしたが、まさか自分にそんな電話がかかってくるとは思っていませんでした。

だから、何となく声が似ている友人の名前をつい出してしまい、「〇〇か？」と聞いてしまいました。

当然、相手は「そうだ」と答えます。

よくよく話を聞くと話につじつまが合わないところがいくつもありました。不審に思い結局お金を払うことはありませんでしたが、途中まですっかり信用して、お金を出すつもりでいました。

僕は自分のことをかなり疑り深い性格だと思っていますが、そんな僕でも騙されそうになってしまうのですから油断は禁物です。

もちろん、悪いのは騙すほうです。しかし、つけ入るスキを与えるのは自分自身の弱さや無知なのです。

04 お金目的の起業はしない

お金儲けの起業には反対

老後資金の不安を解消するために、起業を提案する本や雑誌の特集などもよく見かけます。

今はインターネット上に簡単に店を開くことができますから、昔に比べれば資金もかかりませんし、リスクも格段に少なく起業することができます。

僕もお金儲けが目的でなければ起業は悪くないと思います。

今や定年後も何らかの形で働かなければいけない時代です。残念ながら、退職金で悠々自適《ゆうゆうじてき》な生活なんて夢のまた夢。

あなたにとって起業が本当にやりたいことで、生き甲斐になるのであればおおいに頑張ってくださいとエールを送ります。

しかし、起業して「定年前と変わらぬ収入を得たい」とか、「ひと山当ててやろう」なんて野心を持って始めるのであれば、まったく賛成できません。素人が起業してすぐに儲かるほど、起業は簡単ではないからです。

特に60を超えてからの失敗は、大きなダメージを受けることにもなりかねません。かなりスムーズに事が運んだとしても、商売が軌道《きどう》に乗るまで少なくとも5年はかかるでしょう。

すると定年後の65歳から始めたとして、すでにあなたは70歳です。そう考えると、新しい何かを始めるにしては、起業というのは目標が大きすぎないでしょうか。

そんな無謀なことを考えるより、何か別のことに力を注《そそ》いだほうがいいのではないかと思うのです。

すでにそれなりの知識や経験があるのであればまた話は違ってきますが、いくら簡単でリスクが少ないとは言え、インターネットでの起業はそれほど生易《なまやさ》しくありません。その世界にはすでに「生まれた時からパソコンがある」という若者世代がこぞって参加し、しのぎを削っています。そんな世界で生半可《なまはんか》な知識や経験しか持たない60代が太《た》刀打《ちう》ちできるでしょうか。僕は、はなはだ疑問です。

60を過ぎてから「YouTuber になりたい」なんて人はあまりいないでしょうが、あれなんてその最たるものでしょう。

トップは年収数億円も稼いでいるようですが、それはほんのひと握り。それこそ成功する確率は1%にも満たないはずです。

楽して儲かるなんて夢のまた夢

かといって実際に店舗を持ち、商売を始めようとすれば、さらにハードルは高くなります。

不動産投資やアパート・マンション経営など、退職金を元手にした資産を増やす方法についてもたくさんの本が出版されていますが、疑わしいと言わざるを得ません。

これから日本の人口は減っていくのが目に見えていて、空き家が増えていくのに定期的な家賃収入など期待できるのか。

人口の多い東京都ですら、調査によっては、空き家率が20％とも30％ともいわれているのです。

おそらく「放っておいても家賃収入が毎月ありますよ」などという甘い言葉で業者は購入をすすめるのでしょうが、それこそ資産をすべて失うことになりかねません。

もし、儲かるとしても相当なリスクがあるか、大変な思いをするでしょう。

楽して儲かる方法などと言い寄ってくるやつはすべて詐欺師だと思ってもいいくらいです。

投資でどかんと儲けたり、働かないで収入を得られますよ、という話には確かに夢があります。

少なくとも僕がしている「お金なんて今あるだけでいいと思え」なんて話よりはよほど魅力的でしょう。僕だってそう思います。

ただ、個人起業が成功するには、周到な準備や努力、そして運が必要です。少なくとも僕が知っている社長はひとり残らずそうなのです。

05

分《ぶん》相《そう》応《おう》のお金がある

お金はあればあるだけ、わずらわしい

僕は、お金持ちというのは、それほどうらやむ存在ではないと思っています。

こんなことを書くと「お前が金持ちだからだろう！」などと怒られてしまいそうですが、そうではありません。

お金をたくさん持つ、というのは、他の何かをたくさん持つことと根本的に変わらず、増えれば増えるほどわずらわしい面があるのです。これは厳然《げんぜん》たる事実で、自慢でも何でもありません。

第一にお金の管理にはお金がかかります。事あるごとに銀行の担当者がやってきては、「良い運用方法がある」などと話を持ってきたりもします。これはかなり面倒です。

社会情勢が変わり、資産が急に目減《めべ》りしないかとか、悪人に狙われないだろうか、なんていう心配だってあります。

僕はお金なんていつなくなってもいいと思っていますが、急になくならないに越したことはありません。

その他、毎年の税金もごっそり払わなければいけませんし、家族に遺す時には相続税だってバカになりません。

お金なんて、あればあるだけわずらわしさが増えるのです。

お金を持つにはスキルも必要

そういうわずらわしさにどうして耐えられるかと言えば、その金額を持つだけのスキルを身につけているからです。

改めて言うまでもありませんが、お金は急にゴソッと入ってくるものではありません。普通は必死で働いているうちに少しずつ収入と貯蓄が増えていくものです。

ですから、その間に少しずつ「お金を持つ」ためのスキルが身についていくわけです。

例えば、忍者は高い跳躍《ちょうやくりょく》力を得るために、毎日麻を跳び越える訓練をすると言いますが、そんなイメージが近いかもしれません。

麻は成長の早い植物で、種類によっては4ヵ月程度で3～4メートルにまで育つと言います。少しずつ成長していく麻を毎日跳び越えているうちに高い跳躍力を身につけられるのです。

昔の忍者漫画によくあったシーンですから、本当にこんな訓練で数メートルもジャンプできるようになるとは誰も思っていないでしょうけど。

宝くじなどで何億円もの賞金が当たり、身を持ち崩してしまったという人の話は山のようにあります。

大金を持つスキルもなく、訓練も受けていませんから、どう持っていいか、使っていいのかわからないわけです。

たくさんお金があるからといって、その人生は豊かとは限りません。お金がいっぱいあれば、それはそれで新しい悩みやわずらわしさを生むのです。

06 子どもや孫にお金は残さない

結婚式、お年玉……お金を使いすぎる日本人

老後資金が足りないのは、子どもや孫に使いすぎという面もあるでしょう。特に日本人はその傾向が強いと思います。

例えば結婚式や結婚披露宴に５００万円かかるとすると、そのうち３００万円を親が出す、なんてことをやっています。

結婚式なんてものは本来、周囲に結婚を報告し、これからの支援を賜《たまわ》る儀式ですから、自分たちができる範囲でやればいいのです。

お金がなければ挨拶状を送るだけでもいいでしょうし、地元の公民館を借りてもいい。ホテルのナントカの間を借り切って、盛大にやらないと恥ずかしい、などというのはつ

まらない見栄でしょう。そんなお金があるなら老後のために貯めておいたほうがよほどいいと思います。

もっと少額の話でいえば、お年玉もあげすぎです。

特に核家族化が進んでからは、「親戚が一堂に集まる機会が減り、お年玉をあげる人数が少なくてかわいそうだから」などという理由で、ひとりの負担額も多くなりました。それで小学生なのに総額10万円以上ももらっている子どもがいたりする。あきらかにもらいすぎでしょう。

それだけに飽きたらず、最近では「お盆玉《ぼんだま》」なんてものまで登場しました。お盆に遊びにきた孫に、そういう名目のお小遣いをあげるわけです。しかもご丁寧に、それ専用のポチ袋まで売られています。

高齢者にお金を使わせたい企業が新しく考えたイベントにいちいちつき合っていたら、それこそ破産してしまいます。

打算で子どもにお金をあげない

僕らの子どもの頃のお小遣いと言えば、基本的に労働の対価としてもらうものでした。家の用事を手伝い、そのお駄賃《だちん》としてお金をもらう。だからこそお金のありがたみというものが実感として身についたのです。

こんなことを言うと、「今の若い世代にそんな話は通用しない」という意見もいただくのですが、では労働の対価としてお金をもらうのと、お正月やお盆だからといって無条件にお金をもらうのでは、子どもや孫の将来にとってどちらがよりよいでしょうか。

答えは明らかではないでしょうか。

なぜ、それほどまでに子どもや孫にお金を使うかといえば、やはりどこかに「嫌われたくない」という意識が働いているのだと思います。そして、その裏には「将来的に老後の面倒を見てほしい」という打算のような思いがある。

しかし、それでは老後を人質にとられて身代金を渡しているようなものです。

純粋に「可愛いから」「喜ぶ顔が見たいから」という理由であれば何も言うことはありませんが、打算だとすればそれは健全ではないでしょう。

だからこそ、僕は子どもや孫にお金を使うべきではないと思っています。自分たちのお金は自分たちで使い、キレイにしてから人生のゴールを迎える。その代わり、老後の面倒は一切見なくてもいいと告げるのです。

これは次の第4章でも改めて話しますが、確かに昔は「親の面倒は子どもが見るもの」という暗黙のルールがありました。生まれた土地で育ち、就職し、結婚して新しい家庭を築き、その土地で一生を終えるのが一般的だった時代には、たとえ同居はしていなくても親は近くに住んでいましたから、老後の面倒を見るのはごく自然なことだったのです。

ところが、今のように進学や就職を機に故郷を離れるのが当たり前の時代には、家族全員が全国各地にバラバラに住んでいるのも珍しくありません。言うまでもなく、遠くに住む親の面倒を見るのはとても大変です。もはや子どもが親の面倒を見るのは当たり前ではないのです。

07 使いきって死ぬ

欽ちゃんの人生55年計画

僕にも2人の子どもがいますが、彼らにお金を遺そうとは思っていません。もちろん老後の面倒を見てもらうつもりもない。できれば、すべてのお金を使い切って死ぬ。それが僕の理想です。

イメージとしては、ポケットの中に入っている最後の100円玉でジュースでも買い、ゴクゴクッと飲み干した瞬間にあの世へ旅立っていく――そんな感じでしょうか。海外旅行から帰る時に空港の売店で、行った国のお金を使い切る感覚に近いかもしれません。

あの「やったぁ！　ちょうどなくなった」という爽快感がたまらない。

そんなふうにあの世に旅立っていければ、個人的には何も思い残すことはないだろうと思います。

もちろん、そんなことが不可能なことはわかっています。以前、雑誌で〝欽ちゃん〟こと萩本欽一《はぎもときんいち》さんと対談した時にこんなお話をしてくれました。

ご存じのように欽ちゃんの芸人としてのキャリアはコント55号から始まっています。ですから、ある時期から「55歳でこの世とさよならできたら格好いいのではないか」と思っていたそうです。それで55歳までにお金を使い切ろうと、いろいろと無駄遣いもしたと。

しかし、希望通りに55歳で人生を終えることはできませんでしたから、その後、金銭的にはずいぶん苦労されたのだそうです。

笑っておっしゃっていましたので、どのくらい本当に苦労されたのかはわかりませんが、人生は計画通りにはいかないものです。

自分の死期がある程度正確にわかれば、貯金額や月々の収入と支出を計算し、「もっとたくさん使わないと遺ってしまうぞ」とか、逆に「切り詰めなければ死ぬ前にお金がなくなってしまうぞ」と合理的にお金を使うことができますが、残念ながらそううまくはいきません。だからこそ人生は楽しいともいえるわけですが。

どうせ人生計画通りにいかない

合理的で段取りの好きな僕の性格をよく知っている人からは意外に思われるのですが、僕はどんなことであれ、目標や計画を立てるのがあまり好きではありません。

仕事においても、漫画家を目指した時こそ「5年以内」という目標を掲げましたが、それ以降は「いつまでに何本の連載を持つぞ」とか、「いつまでにこのくらいのお金を稼ぐぞ」なんて考えたこともない。

もし計画や目標を立て、その通りにいかないと、焦《あせ》ったり、それに沿うように努力しなければならなくなってしまうのが窮屈で嫌なのです。余計なストレスをため込むよりも、ひょうひょうと生きていたいのです。

時々、保険会社などの担当が来て僕の〈人生プラン〉もシミュレーションしてくれますが、たいていは「なるほど。でも、こんな決められた人生は送りたくないので」と言って断ってしまいます。

死期に合わせてお金を使い切るのが難しいように、老後の試算をいくらしたところで、その通りになるはずがありません。

そもそも目標や計画を立て、仮にその通りにいったからといって、それが楽しいとも思えません。

それは、旅行にガイドブックを持っていき、その通りに回るのと似ていないでしょうか。あれは旅行に行っているのではなく、ガイドブックの確認に行っているだけです。「実物を見た」という感動はあるのかもしれませんが、最初からあるものを見て「あった、あった！」と喜んだところで、思いがけないことに遭遇する感動にはかなわないでしょう。あまりないことに遭遇するから「有り難い」というのです。

人生は常に軌道修正です。何かが起きるたびに次々とやるべきことは変わっていく。そのほうが退屈しないし、スリリングで、僕は楽しいと思います。

08 自分の葬儀代、墓の心配は必要か

葬儀代もお墓代ももったいない

子どもに老後の面倒を見てもらわないのであれば、葬儀代やお墓代を用意しなければいけない、と思う人もいるでしょう。実際、僕の周りでも葬儀代を積み立てている人は多いし、すでに墓石《はかいし》を買った、なんてやつもいます。

また最近は「墓友《はかとも》」といって、仲のいい友人同士で一緒に入るお墓を探すのもちょっとしたブームのようです。

当たり前ですが、死んだ後は何もできませんから、生きているうちにそういう準備をしておくことは悪いことではありません。子どもだけでなく、遺された人の負担を減らすことができます。

ただ、葬儀やお墓は本当に必要でしょうか。そんなことも一度考えてみるべきだと思います。

一般的に、墓地と墓石を用意するだけでも数十万円から百万円単位のお金がかかります。

檀家になれば、お寺への寄付だ何だといろいろなお金が必要になりますから、維持費は半永久的にかかることになる。

しかも、そういったものは大方の場合、「お気持ち」ですから相場はあるものの、値段がはっきりしていません。

少し前に「お坊さん便」というサービスが話題になりました。法事などに呼ぶお坊さんをAmazonで注文できるのです。

仏教界からは反発を受けているようですが、それなりにニーズがあるようですし、僕もとてもいいサービスだと思います。

最大の特徴は値段がはっきりしていること。やはりそのあたりに不満を持っている人は多いのだと思います。

ここまで書けばもうおわかりでしょうが、僕は結婚式や結婚披露宴のお金がもったいないと思っているように、葬儀代やお墓代ももったいないと思っています。「そんなものいらない」と言うつもりはありませんが、そんなお金があるなら生きているうちに使ったほうがいいだろうと思うのです。

自分が満足すれば、それでいい

僕は、宗教にも死後の世界にも生まれ変わりにも、ほとんど興味がありません。死んだ後に思いが残るなんてことも信じていない。

ですから、火葬場で焼かれた後の骨は「海にでも捨ててくれればいい」というのが正直なところ。誰にも迷惑がかからないのであれば、そのあたりに放っておいてくれてもかまいません。

そもそも世界を見れば、死者の葬り方は「土葬《どそう》」「鳥葬《ちょうそう》」「風葬《ふうそう》」などさまざまあり、墓地に入って弔《とむら》われなければ成仏《じょうぶつ》できないなんてことはないはずです。

どんな形であろうと、自分が納得でき、周囲に迷惑をかけず、法を犯すのでなければ、散骨《さんこつ》しようが自宅の庭に埋葬しようが、本来は自由なのではないでしょうか。払う金額によって戒名《かいみょう》が変わったり、葬儀に「松・竹・梅」のランクがあるのもおかしな話です。

ただ一方で、宗教というのはそれを信じている人にとってはとても大事なものであるとも思っています。

ですから、宗教や死後の世界を信じている人にそんなことを言うつもりはありませんし、否定するつもりもない。

宗教や死後の世界を信じることで安らかに旅立っていけるならそれに越したことはありません。

「もうすぐそっちに行くから。その時はゆっくり酒でも飲もう」という弔辞《ちょうじ》はよく聞きますが、そう思えれば寂しさもやわらぎます。

もちろん、逆に言えば、死後の世界を信じているからこそ「あなたとは一緒のお墓には入りたくない」という揉《も》め事も起きるわけです。

信じていない僕からすると「どこに入ろうが一緒」なのですが。

もし、宗教にあまりこだわりがないのであれば、葬儀代やお墓代が本当に必要なのか考えてみるといいでしょう。

近頃はお墓のマンションみたいなものもできていますが、今後はそういうサービスも増えてくるはずです。

さまざまな選択肢の中から、予算や内容を吟味しながら、自分がいちばん満足できる方法を選べばいいと思うのです。

ただし、葬儀やお墓の問題は、実際にはなかなか自分だけで決められない部分も多くあります。

親きょうだいや親戚が必ず口を出してきますから。そのあたりについては次の第４章で詳しく書きます。

09

ゲーム感覚で節約生活

実践、1ヵ月1万円生活

「無駄なお金を使わない」というと窮屈に感じる人もいるでしょう。

これは「節約」という言葉の持つイメージがいけないのかもしれません。この言葉には、食べたいものも食べず、やりたいこともせず、眉間《みけん》にシワを寄せ、ひたすら「我慢」というようなイメージがありますから。

そんな人のために僕は、ゲーム感覚で節約することをおすすめしています。

例えば、「1ヵ月1万円生活」。

テレビの人気企画ですからご存じの人も多いでしょう。せっかくですから真似しない手はありません。

試しに食費を1ヵ月1万円でやりくりしてみましょう。

僕ならまずはスーパーに行って大根を買ってきます。季節や品種や大きさにもよるでしょうが、だいたい1本100~200円ぐらいで買えるはずです。

買ってきたら大根から葉っぱを切り落とし、厚むきにした大根の皮と葉っぱを刻み、塩と昆布と唐辛子をあえて漬けておきます。するとこ1週間ぐらいはもつ常備食になる。これをご飯と一緒に食べる大根飯は僕の好物のひとつです。

まだ葉っぱ以外は丸ごと残っていますから、それは煮物にしたり、味噌汁の具にしたり、おでんにしたり、鍋に入れたりと、実にさまざまな食べ方ができます。

やってみるとわかりますが、このようにいろいろな形で調理してみると、1日で大根1本をひとりで食べきるというのはけっこう大変なものです。

1日300円としても月9000円ですから、月1万円というのは何とかなりそうな気がしませんか。

節約感覚を身につけることが大事

別に1万円を超えても罰ゲームはありませんから、気軽にやればいい。大事なのは節約感覚を身につける、ということ。特に男性はスーパーに行く機会も少ないでしょうから、スーパーで真剣に野菜などの値段を見るだけでも、かなり金銭感覚は変わるはずです。

このゲームは食費以外にも「光熱費1ヵ月1万円生活」とか、「スマホ代1ヵ月3000円生活」とか、自分の生活に合わせていろいろ試せそうです。

食費を抑えるには自給自足という方法もあります。

今、我が家の庭の片隅には小さな畑があり、シソとミョウガが育っています。特にシソなどは何の世話もしなくても、季節になると食べきれないほどの量が採れます。今ではバカバカしくてお金を出して買う気になりません。

かいわれ大根や豆苗《とうみょう》などは、根っこの部分だけを捨てずに残しておき、水に浸しておけば、再び成長して食べられるようになります。

気がついたら水を替えるくらいで特別な世話はいりませんし、陽のあたる窓際にでも置いておけばいいだけですから、誰にでも簡単にできます。かいわれ大根も買えば１パック50円以上はしますから、やらない手はありません。

食費を節約するには、同じくテレビの企画で「０円食堂」というコーナーも参考になります。

これは、農家や漁師、または飲食店や食品加工工場などへ行って廃棄する食べ物をタダでもらい、それを食材に料理を作る企画です。

廃棄する食べ物といっても形がいびつだったり、虫が食っていたり、商品にならないだけですから、新鮮で安全。思いがけないほど豪華なメニューができたりします。

もちろん、一般人が急に行って、廃棄物を分けてもらえるかはわかりませんが、アイデア次第で節約は楽しめるのだと思うのです。

苦しんでも楽しんでも節約は節約。だったら楽しい節約のほうがいいと思いませんか。要は気の持ちようです。

10 最終的にお金に困ったら役所へ

「まさか」という坂に遭遇したら

楽しんで節約した。お金に対する考え方も変えた。

それでもお金に困ることはあるでしょう。「まさか」という坂があるのが人生です。一寸先は闇。何が起こるか誰にも予測はできません。

もし、目が見えなくなったり、半身不随になったり、そんな事態に陥って、周囲に助けてくれる人もいなければ、やはり公的機関に頼らざるを得ないでしょう。

代表的なのは「生活保護」ですね。

他にも生活困窮者に対しては、「自立支援制度」や「高額医療費負担制度」など、使い道は限られるものの、さまざまな制度があります。

最終手段のよりどころとして、知っておくべきでしょう。

ここでもつまらない見栄やプライドはいりません。

こういった制度は自分で調べてもよくわかりませんから、まずは役所へ相談にいくことです。

一般的に知られていないだけで、救済措置はいろいろと用意されているはずです。

税金を頼るのは最終手段

つまらない見栄やプライドがあると、誰にも相談できず、安易にお金を借りられる消費者金融などに頼ってしまいがちです。

でも、間違っても借りてはいけません。そんなに困った状態なのですから返すあてはないはずです。

借りたら最後、生活を立て直すのが余計困難になります。

ただ、矛盾するようですが、個人的にはギリギリまで国の税金に頼らない矜持《きょうじ》は持っていたいとも思っています。

日本の高齢化はこれからが本番です。お年寄りが増えるということは、生産せずに消費するだけの人が増えていく、ということ。厳しい言い方かもしれませんが、これが現実です。つまり、国の財政はますます圧迫されていくわけです。

しかし、税金の本来の使い道は、日本の未来のためにあるべきだと思うのです。そんな税金を我々が食いつぶしていいはずがありません。あくまでも最終手段として持っておくべきだと思います。

第4章 家族から自立する

01 「家族はひとつ」という幻想を捨てる

身辺整理の難敵、「家族」

さて、60歳から手ぶらに生きるための僕の提案は、ひとまずこの章で最後になります。次の最終章では「身辺整理してからどうするのか?」というお話をさせていただきますので。

で、ひとまずの最後は「家族」という難敵に挑みたいと思います。

言うまでもなく、家族というのは多くの人にとっていちばん身近な存在のはずです。時には「家族なんて大嫌い!」なんて人もいますが、そんな人はやはり稀《まれ》ですし、そんなことを言えば、よほど人に言えない事情があるのだろう、と邪推《じゃすい》されてしまいます。

ひとつ屋根の下に暮らしていれば、精神的にだけでなく、肉体的にも家族を身近に感じている、というのがごく一般的な人の感覚でしょう。

ただ、それほど身近だからこそ、わずらわしい面を持ち合わせているのが、また家族という存在です。

この章では、家族というもののしがらみからいかに逃れ、精神的に自立するか、ということについて考えてみたいと思います。

友人や仕事関係の人であれば、いよいよ仲がこじれてしまったら、友人をやめるなり、仕事や学校を辞めるなりすれば、その関係を切ることができます。

「家族をやめる」というのも不可能ではありませんが、法的な手続きもなかなか面倒です。つまり、人間関係でいちばん切りづらいもの、それが家族ということになります。

加えて誰もが、「お父さんお母さんを大切にしよう」とか「家族は仲よく」なんてことを子どもの頃からくり返し、学校や社会から教え込まれてきています。

ですから、世間ではそこに疑問を持つことすらタブーのような雰囲気があります。この意識から抜け出すのはそう簡単ではないかもしれません。

家族は「仲がよくて当然」ではない

しかし逆に言えば、そんなことをくり返し教えるということは、「教えないとそうならない」ということでもあります。放っておいても自然とそうなるのであれば、わざわざ教える必要はないからです。

「人間というのは呼吸をしないと死んじゃいますからね。絶えず息を吸ったり吐いたりしましょう！」

そんなことをくり返し教わって成長してきた、という人はおそらくあんまりいないと思います。放っておいても自然とやることは教える必要がないのです。教えるほうだって面倒ですから。

つまり、それだけを考えても、家族というのは、「仲がよくて当然」でもなければ、「自然と愛し合うもの」でもないことがわかります。いや、むしろ普通にしていたら「自然と仲が悪くなってしまう」のが家族というものの実情なのかもしれません。だから何度も声高《こわだか》に「仲よくしましょう」とくり返す。

あなたも友人から「家族がうまくいっていないんだ」などと悩みを打ち明けられたことが一度や二度はあるでしょう。「家族さえいなければ俺はもっと自由なのに」とか、「結婚さえしなければあの子と……」とか。一見、仲がよさそうに見える家族だってひと皮むけば内実はどうなっているかわかりません。

親族経営の企業で、経営方針をめぐり家族が争う例も、枚挙にいとまがありません。そういった場合、争いが世間にバレてしまったらブランドイメージは大きく損なわれますから、水面下では決裂しないように、ずいぶん話し合いがもたれるはずです。また家族だけの問題ではなく、社員をはじめ多くの人が関わっているのですから、それだけ解決のための知恵も出ます。でも最終的には決裂せざるを得ない場合も多い。家族だから本音で話せばわかりあえるというのは間違いで、一度こじれるとなかなか修復できないのが家族関係というものです。

そもそも「家族全員を平等に愛していますか？」などと聞かれて、自信満々に「もちろんです！」と答えられる人など、どのくらいいるのでしょう。

２人以上のお子さんがいる人は、その顔を思い浮かべてみてください。２人にまったく同じ愛情を注いでいると自信を持って言えますか？　たとえそんなに大きな差はないとしても、「どちらのほうがより可愛い」くらいの差はあるのではないでしょうか。そう思った方、安心してください。僕の調査によれば、僕の周囲もみんな「そうだ」と言っていました。

子どもがいなければ、両親の顔を思い出してみてもいいでしょう。「お母さんのほうが好き」「いや、お父さんのほうだ」は絶対あるはずです。それが自然なことですから。家族だからという理由だけで「全員平等に好きで、愛さなければならない」としたら、そのほうがよっぽど不自然です。

02 家族は理解してくれる、この思い込みが悲劇を生む

親族間の殺人事件の増加

世間の家族がうまくいっていない例は、こんなデータからも垣間見《かいま》ることができます。

警視庁によれば、２０１３年の殺人事件検挙《けんきょ》件数のうち、被疑者と被害者の関係が親族間である割合は53・５％でした。

つまり、２０１３年に検挙された殺人事件のうち、半数以上は「親子」「夫婦」「兄弟姉妹」などの親族間の殺し合いだったのです。

普段ニュースを見聞きしていると、凶悪な殺人事件ばかりが報道されているような印象がありますから意外に思われるかもしれませんが、実は殺人事件というのは、戦後ず

っと減少傾向にあります。

社会全体が豊かになれば、それにつれて犯罪が減るのは当然の流れ。特に２００９年以降は１０００件以下をキープしています。１９９０年代以降はずっと１１００〜１２５０件ぐらいの横這《よこば》い状態が続いていますから、その頃に比べても数百件も減っているわけです。

にもかかわらず、親族間の殺人事件に関しては増加しているのが実情です。２００３年までの過去25年は、親族間の殺人事件は検挙件数全体の40％前後でしたが、２００４年に45・５％に増加すると、この10年でさらに10％近く増加し、２０１３年に53・５％となったわけです。そういった意味で現代は、昔に比べて、より殺伐《さつばつ》としているといえるかもしれません。

家族のイメージが強迫観念となる

理由についてはいろいろなことが考えられるでしょう。そのひとつには「老老介護」

の問題もあると思います。

もう70歳を超えた、立派なお年寄りと呼べる年齢の子どもが、90代や１００歳を超えた親を介護したりしている。

介護にはお金がかかりますし、介護に時間を取られては働くこともままなりません。当然、生活は困窮《こんきゅう》し、最後には……という悲しい結果につながってしまうのです。介護については次の第5章で改めてお話ししますが、人生最後にして最大の問題が、この介護だと僕は思っています。

そして、親族間の殺人が増えているもうひとつの理由が、最初から言っている、「家族はひとつ」「家族は愛し合うもの」という強迫観念のような前提です。

これがあるから、「家族なのにどうして俺の気持ちが理解できないんだ！」という甘えのような感情がわいてしまう。

そして、その裏切られたという気持ちが、憎しみへと変わっていき、最悪の場合には殺人事件にまで発展してしまう。

「存在が近い」、もしくは「近いと思い込まされている」からこそ起こる悲劇といえるでしょう。
「家族はひとつ」はあくまでも理想です。

本来ひとつでないものを、ひとつにしようとするからひずみが生じる。いくら血がつながっているからといっても、自分でない以上、家族といえども他人です。そもそも夫婦間においては血すらつながっていません。

そんな認識を持っていれば、家族だから特別だという強迫観念もなくなるのではないでしょうか。

いつかは離れるのが自然な関係

昔から「遠い親戚より近くの他人」と言います。

僕も頼りになるのは血縁でつながった関係ではなく、信頼でつながった関係だと思っています。

僕は大学時代、法学部でしたが、当時の六法全書に、「尊属《そんぞく》殺人」という言葉を見つけて違和感を覚えたことがありました。「尊属殺人」というのは、簡単に言えば、「赤の他人を殺すより、家族殺しのほうが罪が重い」という法律です。

同じ殺人なのに相手が家族だと罪が重くなるなんて……。納得できなかった僕は「なぜですか？」と教授に質問してみました。でも、満足のいく回答はもらえませんでした。

今はその法律は改正されてありませんが、おそらく昔から家族とはそんな存在だったのでしょう。

家族というのは、いずれバラバラになるのが当たり前です。親の役目とは、子どもを教育し、自立させることですから、いつかは肉体的にも精神的にも親元を離れていかなければならないのです。

であれば、いつまでも一緒にいるほうがおかしいのです。

そう考えれば家族がバラバラになるのは喜ばしいことでは？　もちろん、それが憎み合った状態ではいけませんが。

03

時には子どもに厳しく対処。自立できないのは親の責任でもある

パラサイト破産

近頃は「パラサイト破産」などという言葉も聞くようになりました。自立できない子どもが親に寄生《きせい》（＝パラサイト）し、老後資金を食いつぶしてしまう。そんな家族の関係が社会問題になっているわけです。

でも、これを解決するのは、本来であればそう難しいことではないはずです。

成人しているのであれば、自立できないのは子ども自身の責任ですが、子どもが自立できるように教育するのが親の役目なのですから、それができていない以上、親にも責任があるのは当然です。

であれば、子どものケツを叩いて、さっさと職を探させるなり、家から追い出すなりして対処すればいい。簡単なことです。

と言っても、もちろん、これは極論です。子どもがパラサイト化するにはそれなりの理由があるでしょうから。

聞けば多くの場合は、リストラされたり、人間関係がうまくいかなくて職を失い、それがトラウマになってしまうようです。

場合によっては精神状態も普通ではないのでしょう。それがわかっているから親もつい甘やかしてしまう。

「傷が癒《い》えて働く気になるまで」とか、「次の職が見つかるまで少しくらいのんびりさせてあげたい」とのんきに構《かま》えてしまうのです。

ところが、何もせずに放っておくと、時間だけが経過して、いつの間にか引きこもりのようになってしまうことがあります。嫌な上司の小言を聞きながらやりたくない仕事をやるより、何をしても怒らない親元にいて、親のお金で遊んで暮らしたほうが楽に決まっています。

子どもを助けるなら期限を設けること

親があれこれと口出しをしないことが奏功《そうこう》することもありますから、このあたりは難しいところではありますが、水が高いところから低いところへしか流れないように、人もつらいことから楽なことのほうへ向かって自然と流れていくものだと思うのです。ですから、これにも期限を設けるべきだと僕は思うのです。

例えばリストラを機に「生活が苦しいから」と一人暮らしをしていた子どもが実家へ戻ってきたとします。

その際に「いつまでにどうするか」を約束させる。「傷が癒えたら」とか「働く気になったら」とか、「次の就職先が決まるまで」なんていうのは期限ではありません。

そこを曖昧《あいまい》にすると、つい甘やかしてしまう。期限までは自由にさせてもよいですが、期限が過ぎたらたとえ再就職先が決まっていなくても、バイトでも何でもさせて追い出すべきでしょう。

子どもに厳しく接することができないのは、あなたが子離れできていない、という一面があるのではないかと思います。親が子どもから自立できていなければ、子どもも自立できません。それはお互いに依存している状態だからです。

親であれば誰でも、子どもを厳しく叱ったらスネて犯罪などに走ってしまうのではないか、と心配することもあるでしょう。それが怖くて、つい甘い顔をしてしまうなんていうのはよくあることです。

しかし、そういう弱みを見せてしまったら子どもとは戦えません。「嫌われたくない」「子どもに老後の面倒を見てほしい」なんて思っていたら厳しくできないでしょう。その意味でも、子どもに「老後の面倒は見なくていい」と宣言することは大事なのです。

当たり前ですが、生きていればさまざまな困難に襲われます。そして、そのほとんどは自力で乗り越えなければなりません。いつまでも子どものそばにいて手助けしてあげられるのであればかまいませんが、残念ながら先に死ぬのは、順番から言って絶対に親です。つまり、あなたはいつか子どもの前からいなくなるわけです。

とにかく一人暮らしさせる

それなのに何かあるたびに手助けしては、子どもに困難を乗り越える力がつくはずがありません。少なくとも大学を卒業した子どもには一人暮らしをさせるべきでしょう。安月給でとても一人暮らしなどできなかろうが、家に部屋が余っていようが、男の子だろうが女の子だろうが、関係ありません。そうしないと僕は、金銭感覚をはじめとした、自立するために必要な力が身につかないと思います。

僕も大学進学を機に山口県から上京して学生寮に入りました。学生ですから仕送りが届いたその日にお酒を飲みにいき、気づいたら全額なくなっていた、なんてことは一度や二度ではありません。女の子の前で見栄を張って、デート代に半分ほど使ってしまったこともあります。それでも日雇いのバイトをしたり、頭をフル回転させて友人や親からお金を借りる方法を考えたり、「動くと腹が減るから」と寝床に1日中うずくまってみたり、どうにか1ヵ月を乗り切ったものです。

とても自慢できる生活ではありませんが、そうやって少しずつお金の使い方や大切さを学んでいくわけです。こういう経験は、実家で暮らしていると経験できません。たとえリストラのようなつらい経験をしたとしても、再就職先がなかなか見つからなくても、バイトでもしながら食いつなぎ、親に頼らず再就職先を探すべきでしょう。病気で働けないなどの特別な理由がない限り、親も手助けはしない。そんな関係が築けないと、親離れ、子離れはできません。

子どもに何かを強制することに反対する人も多いですが、僕はケース・バイ・ケースだと思っています。いつも「お前どっちがしたい？　どっちが好き？」と子どもに選ばせてばかりでは、楽なほうしか選ばない人間になってしまう可能性があります。しかし、社会に出れば、自分の思いが通らないことなど日常茶飯事《にちじょうさはんじ》です。

ですから、理不尽な理由でガンとやられることもあるということを子どもの時から教えておく必要があると思うのです。僕は子どもに強制的に何かをさせることに、１００％反対はしません。

パラサイト破産が怖いのは、親と子が共倒れしてしまうことです。そうならないためにも厳しく対応することも必要です。

04 定年後の男の価値はゼロ、奥さんからはそう思われている

旦那と一緒にいる理由がなくなっていく

ここまでは主に子どもとの関係を中心に家族について考えてきました。では、ここからは夫婦関係について考えてみましょう。僕は男ですから、話の中心は基本的に、奥さんとのつき合い方になります。

そしてここからのお話は、「仲睦《なかむつ》まじくやっていて、夫婦関係には何も問題がない」という人にはあまり関係のない話になります。あくまでも夫婦の関係に悩んでいる人への提案として読んでみてください。

血がつながっていないぶん、夫婦関係は子どもとの関係よりシビアになります。特に

お互いに年を取り、子どもが独立すればなおさらのことです。

昔から「子はかすがい」と言いますが、そのかすがいがなくなってしまえば、夫婦関係は以前にも増して、もろくなります。

なぜなら、子どもが独立すると、奥さんのほうに旦那と一緒にいる理由がなくなるからです。

例えば、あなたが定年退職した後のことを考えてみましょう。

定年退職するまでの旦那には、かろうじて「給料を運んでくる」という役割がありました。ところが定年後はそれがなくなります。何らかの形で働くことにはなるでしょうが、多くの場合、その給料は定年前よりも減るはずです。もし、それが奥さんでも稼げるような金額だったとしたら……？　それでも奥さんはあなたと一緒にいたいと思ってくれるでしょうか。

すでに記したように定年を迎えるような年齢になれば生活は縮小していますから、アパートでも借りて、ひとりで暮らしていくならそれほどお金はかかりません。今は年金も奥さんに受け取る権利がありますから、余計に熟年離婚がしやすくなっています。

あなたは定年退職し、ホッとひと息ついているのかもしれませんが、主婦業に定年はありません。ということは、結婚している限り、奥さんはいつまでもあなたの世話から解放されないのです。

貴重な残りの人生を、どうしてそんなつまらないことに費やさなければいけないのでしょうか。

あなたの平均寿命までの残りは約15年かもしれませんが、同じく奥さんの人生だってそれほど残されていないのです。

であれば、奥さんだって気ままにのんびりと暮らしたいでしょう。ということは、結論はあなたとの離婚。そう考えても何ら不思議ではありません。

「俺が養《やしな》っている」といつまでも思うのはNG

もちろん、こんなふうに考えている奥さんばかりではないと思います。

ただ、奥さんから見た場合、「定年退職した男の価値はゼロ」というのは大きく間違っていないはずです。というより、そのくらい謙虚な気持ちでいたほうが良いと思うのです。

そのあたりがわかっていないと、旦那というのは、定年前と変わらず奥さんに対して威張った態度で接してしまったりするわけです。「おい、風呂」「メシ」「お茶」「耳かきどこだ？」なんて。こういう態度は「俺が養っている」などという偉そうな意識から生まれるものです。奥さんはお手伝いさんではありません。

家族との関係を一度見つめ直し、もし依存しているのなら、自立しましょう。それが「身軽に生きる」ことにつながります。

その結果、あなたが今の夫婦関係を必要ないと思い、もし離婚を選ぶのであれば、それもいいでしょう。

ただし、僕は60を過ぎて奥さんに嫌われることは致命傷《ちめいしょう》だと思っています。特に僕ら世代は生活すべてを奥さん任せにして、奥さんがいないと何もできない、なんて人が多くいます。ですから奥さんに先立たれると、後を追うようにコロッと逝《い》ってしまう男性も少なくない。逆に奥さんは旦那がいなくなると寿命が延びるくらいです。

以前、精神科のお医者さんに話を聞いたら、「人はボケるとつらいことから忘れていく。奥さんに旦那の名前を聞くと、ほとんどの人が忘れてしまっているんですよ。でも、奥さんの名前を忘れる旦那さんは少ないです」と言っていました。

男としてはずいぶん悲しい話ですが、多くの奥さんにとって、旦那とはストレスでしかないのかもしれません。

僕が奥さんからの自立を提案するのは、奥さんに嫌われ、熟年離婚を突きつけられないためといっても過言ではありません。

あなたが今、夫婦関係に悩んでいるとしたら、それは奥さんから自立できていないから、かもしれませんよ。

05 適切な距離を保ち、奥さんに嫌われない

奥さんに嫌われないための2つの心構え

奥さんから自立し、嫌われないために、あなたが心がけることは2つあります。

それは、「奥さんとなるべく一緒にいないこと」、「お互いの距離を保つこと」。

距離が近づき過ぎると事故が起きる確率が高まるのは、人間もクルマも同じなのです。

60歳にもなれば、子どもはすでに独立し、夫婦2人だけで暮らしている、というケースが多いと思います。

2人きりになると、今まで目に入ってこなかったお互いの存在が自然と視界に入ってくることになります。

すると、今までは気にならなかった短所やアラなどのマイナス面が急に目立ち始めたりします。

しかも、年を取ると互いに頑固になっていますから、ケンカになっても譲《ゆず》りません。そして、取り返しのつかない状況になってしまう。「もう2人だけなのだから、これからは一緒にいる時間を増やそう」なんて発想は、奥さんにとってはいい迷惑ですから、早いこと捨てることをおすすめします。

奥さんとの距離を保つには、奥さんのテリトリーに侵入しないことが大事です。奥さんの行動にも干渉しないこと。

例えば、奥さんが出かけると知ると、「どこへ行くんだ?」「誰と行くんだ?」「何時に帰るんだ?」などと尋問《じんもん》を始め、その挙句に「なるべく早く帰ってこいよ」などと命令口調で言う人もいますが、奥さんからすれば余計なお世話でしかありません。奥さんの身を案じて言うのであればまだしも、こんなことを言う人はたいてい「ひとりだと寂しい」とか、「自分で食事やお風呂を用意するのが面倒」なんてことが理由ですから、煙たがられるわけです。

ペットを飼えば、夫婦仲も円満!?

奥さんにも今までの人生で築いてきた人間関係があるのですから、そこへ無神経にズケズケと口を出して侵入してはいけません。

これは逆の立場を想像してみれば、すぐにわかるはずです。あなたが友人と楽しく飲んでいる場に奥さんがやってきたらどうでしょう？　奥さんが気になっていつものバカ話やエロ話もできなくなってしまいませんか。お互いのテリトリーを尊重することは、夫婦関係を壊さないために、重要なことなのです。

夫婦２人だけになって、適切な距離がわからなくなってしまうのは、子どもがいなくなったことが大きいと思います。それまでは子どもを間に介することで、意識しなくても適切な距離になっていたわけです。もちろん、子どもが原因で夫婦ゲンカになることも多々あるわけですが。

そこで、再び夫婦間の距離を適切に戻すために、僕がおすすめしているのが、ペットを飼うことです。

実は我が家も子どもが独立してから、犬を飼い始めました。すると餌《えさ》をあげたり、散歩に連れていったり、お風呂に入れたりと、やるべきことがたくさん出てきます。それは主に僕の奥さんがやっていますが、犬について話すことで自然と会話が生まれ、犬に関心事が移りますからお互いへの干渉もなくなったように思います。

白状すると、僕も奥さんと2人きりでいるのは、あまり得意ではありません。共通の友人などがいれば話も弾みますが、2人きりになると何を話せばいいのかよくわからない、というのが正直なところ。

例えば、最近のニュースなどについて話したところで、「へぇ、そうなんだ」くらいの反応があるだけで、残念ながらさほど盛り上がりません。そうこうしているうちに沈黙に変わっていってしまいます。

そんな時にペットがいると、そちらに話題を移せますから、こう言っては何ですが、すごく便利です。住宅事情などで飼うのが難しい場合もあるでしょうが、可能であれば飼ってみてはいかがでしょう。

一心同体にはなれない

奥さんから自立するためには、家事や料理も自ら進んでやったほうがいいと思います。すでに「給料を運んでくる」という優位性はないのですから（もともとそんなものないのですが）、家事も応分に負担するのが当然です。

少なくとも食べ終わったあとの食器ぐらいは流しまで持っていき、自分で洗ったほうがいい。

できれば料理もすべきでしょう。「やったことない」なんて言わずに、奥さんと交代で食事の準備ができるくらいに上達するまで、本気で取り組むべきです。

でなければ、もし奥さんが重大な病気で倒れてしまった時、誰が料理をしてくれるのでしょう。

これについては次の第5章でもお話ししますが、料理というものはやる気になれば誰にでもできるものです。別に料亭に出せるような一流料理を作れ、なんて誰も言いません。きちんと説明書を読めば、どんな最新機器でも普通に使えるように、誰にでもできるのが料理なのです。

今までやらなかったのは、「家事や子育ては奥さんがやるもの」という固定観念があったのでは？

でも60を過ぎたらそういう考えも通用しません。夫婦は夫婦でありながら、個人の関係に戻っていくのです。

いくら長年連れ添っても、夫婦は一心同体にはなり得ません。お互いをどこまで尊重できるか。それが大事になります。

06

「奥さんと一緒に旅行」という幻想も捨てる

旅行しても、自分の株が下がるだけ

夫婦関係を円滑にするために、「お互いの距離を適切に保つ」ことが大事だとすれば、奥さんと旅行へなどという幻想も早く捨てたほうがいいでしょう。

奥さんから「旅行に行きたい」とでも言われたのであればかまいませんが、「たまには奥さん孝行《こうこう》で旅行にでも連れていってやるか」などという上から目線だったら絶対にやめたほうが身のためです。

「俺の株も上がるかも」などという期待はもろくも崩れ去り、逆に嫌われてしまう可能性のほうが高いのではないかと思います。

そもそも奥さんは旦那と一緒に旅行へ行きたいなどとは思っていません。

ある調査結果によれば、女性が一緒に旅行したい相手の1位は「友人」で、約8割がそう回答したそうです。

それに対して、男性は「妻」と回答した人が多く、50％以上。

一方、「夫」と回答した女性は10％程度だったそうですから、そこに埋めきれない意識の差があることがわかります。

ではなぜ奥さんは、旦那と旅行に行きたくないのでしょう。

旦那というのは普段、家事や身の回りの世話を奥さんに任せていますから、知らないうちに旅先でもそれを求めてしまいます。

せっかくのんびりしようと旅行へ来たのに、旦那の世話ばかりさせられる奥さんはたまったものではありません。

旦那の世話ばかりでは疲れだって取れないでしょう。

ですから、誰と旅行に行きたいかと聞かれれば、気を使わずに済む「友人」という回答になるわけです。

無理して、夫婦で旅行しなくていい

本当に夫婦関係が良好で、60になっても「恋人同士気分」とか、「親友みたいな夫婦」なのであれば、旅行に行っても楽しいでしょう。でも本音を言えば、男だって奥さんと行くよりは、友人同士で行ったほうが気楽で楽しいはずです。

お互いに望んでないのであれば、無理して夫婦で旅行になど出かける必要はありません。

本当に奥さん孝行をしたいのなら、旅費だけを渡し、「友達と行っておいでよ」と言ったほうが、よほど感謝されるし、株も上がります。

もし何かの理由があって、どうしても夫婦２人で旅行へ行きたいのであれば、ツアーなどを利用するのがいいのではないでしょうか。

ツアーなら、同年代の夫婦がいる確率が高いですから、旅行中に親しくなれることもあるでしょう。

夫婦での旅行というと目的地に着くまでの道中でケンカになってしまい、何泊もする旅行だったのに最悪の結果に……という漫画みたいな実話も聞くことがあります。

こんな状況でも夫婦以外に話しかけられる相手がいれば、最悪の空気も多少やわらぐかもしれません。

高齢者夫婦に向けては、「豪華客船で行く　フルムーンツアー」のようなプランも旅行会社から発売されていますが、あれも僕はどうかと思います。

船の上というのは逃げ場がありませんから、退屈したり、イライラしたりする原因になります。

「老後は豪華客船で世界一周旅行」などが、さもあこがれの対象のように雑誌やテレビでも紹介されたりしますが、あんなもの僕などすぐに逃げ出したくなってしまうに違いありません。

自分がそんな状況では奥さん孝行どころではないでしょう。

少し話はそれますが、僕が連載している漫画『黄昏流星群』で、ＪＲ九州の寝台列車

「ななつ星·in九州」を舞台にしたことがあり、取材させてもらったこともあります。贅《ぜい》を尽くした車内は本当に豪華で、どんなプランにするかで料金も違うのですが、1泊2日で1人21万円から、最高額となる3泊4日の旅だと2名1室で1人75万円といったところ。

今はだいぶ落ち着いたかもしれませんが、取材時には「倍率300倍」もの人気がありました。

値段が値段だけにお客さんには高齢者夫婦も多いようですが、僕などそんな大金が無駄にならないか余計な心配をしてしまいます。

何はともあれ、「奥さんは旦那と旅行に行きたくない」ということだけを覚えておいてください。

もし行くなら「接待気分」で行くのがいいでしょう。

奥さんに主導権を握ってもらい、とにかく奥さんに楽しんでもらうことに全力を注ぐのです。サラリーマン時代の経験の活かしどころです。

07

介護は家族だけではムリ。60代は介護ボランティアを

親の介護問題

家族といえば、忘れてはいけないのが「親」の存在です。60歳のあなたの親の年齢は、80代後半から90代といったところでしょう。となると、すでに介護を必要とする親を持つ人も少なくないはずです。

現在69歳の僕の同級生も例外ではありません。同い年の友人はほとんどがサラリーマンでしたから、みんなすでに定年退職しています。

そして、そんな彼らが何をしているのかといえば、親の介護です。退職金で気楽に遊んでいるやつは、ひとりもいません。

僕の友人もそうだったようですが、親の介護という現実に直面すると、男はどうしても「奥さんにやってもらおう」という意識が働きます。面倒だから奥さんに任せればいいや、ということではありません。介護にはお金がかかりますから、「そのぶん俺が働かなければ」と思うわけです。

それまで、旦那が稼ぎ、家庭内のことは奥さんに任せるという役割分担で長年やってきているのであれば、当然の発想だと思います。

ただ、現実にはそううまくはいきません。

それはそうでしょう。自分の親であればまだしも、旦那の親は奥さんにとって赤の他人です。

元気なうちは食事を作ったり、洗濯をしたりと、何かと世話をしてくれたかもしれませんが、要介護者となり、生活すべての面倒を見なければならないとなれば話は変わってきます。

特に下《しも》の世話ともなれば、いい顔をしない奥さんは多いでしょう。

今のところ僕の友人にはいないようですが、それが原因で「介護離婚」に至るケースも珍しくありません。

すると、奥さんの介護をあてにしていた旦那としては計算が狂ってしまいます。自分は働いて介護に必要なお金を稼がなければいけないのに、それができなくなってしまうわけですから。

当然、生活は苦しくなっていくでしょう。

プロに任せた介護を

平日の昼間、アイデアを考えるために近所のファミレスへ行くと、母親らしき女性の車椅子を押しながらやってくる、50代ぐらいの男性をよく見かけます。

話したことはないので詳細はわかりませんが、おそらく母親の介護のため、仕事は辞めてしまったのではないでしょうか。

奥さんがいる様子もないので離婚したのかもしれません。

それが母親の介護が原因かは知る由もありませんが、まだ若いのに本当に大変だなぁと見るたびに思います。

僕自身は親の介護をすることはありませんでしたが、そんな僕の周りでもこのようなことが実際に起きていて、介護は身近な存在です。おそらくこの書籍を読んでくれている方の大半は僕より年下だと思いますが、近いうちに親の介護という問題に直面する時がやってくることは、ある程度覚悟しておくべきでしょう。

僕は親の介護はできればなるべく家族でやるべき、と考えています。税金は未来のために使うもので、僕らの世代やそれ以上の世代のためにあまり使うべきではない、というのが基本的な僕の考え方だからです。

ただし、友人たちの苦労を聞くと、家族だけで介護をするのは、やはり無理があるのだろうとも思っています。

身内が介護者だと介護される側もワガママになりますから、その点でもプロの介護士に任せたほうがいいかもしれません。

しかし、プロに任せたくても介護士はまだまだ足りていないのが現状です。

キツい割に給料も高くありませんから、そもそも希望者が少なく、離職率も高い。一刻も早く行政で取り組む問題だと思いますが、どこまで予算がかけられるかは、やはり疑問です。

「介護ボランティア」の提案

ですから僕は「介護ボランティア」の存在が重要になると思っています。もちろん、やれることは限られますが、資格が必要ないアシスタント業務であれば、介護士よりも早く人数を増やせるはずです。

そして、その為《な》り手には、近い将来、介護をされる側に回る可能性の高い60代以上がいちばん適しているのではないでしょうか。

その経験は親を介護する時はもちろん、自分が介護される側に回った時にもきっと役立ちます。

定年後も元気に働ける人には介護ボランティアを義務化してもいいかもしれません。

そして、介護ボランティアに参加した日数や時間に応じてポイントがもらえ、そのポイント数に応じて優先的に介護が受けられるなどのサービスがある。そんな制度を取り入れてもいいのではないでしょうか。

いずれ介護ロボットも実用化されるでしょうが、少なくともここ数年では難しい。広く家庭に普及するとなると、さらに時間を要します。

では、その間どうするのか。

日本は世界に先駆けた高齢化社会ですから、日本の対応がそのまま世界のモデルケースになるでしょう。

世界の見本となるべき、対応が求められているのです。

08 在宅死のすすめ。延命治療もしない

医師不足の日本

これから高齢化社会がさらに進むと、不足するのは介護士だけではありません。医師や看護師なども足りなくなる可能性があります。

ＯＥＣＤ（経済協力開発機構）が２０１４年に公表したデータによれば、日本の人口１０００人あたりの診療医師数は2.3人です。ＯＥＣＤ加盟国中もっとも多いオーストリアが4.9人で、最低のメキシコは2.2人ですから、日本のランクは下から２番目。先進国の中でも最低レベルです。

他の欧州の国々を見てみると、ドイツ4.0人、イタリア、スイス、スウェーデン各3.9人、スペイン3.8人、フランス3.1人、イギリス2.8人ですから、その平均は3.6人といったところ

でしょうか。ちなみにアメリカは2.5人です。

例えば、日本で人口1000人あたりの診療医師数を3.0人にまで引き上げるとすると、約8万人もの医師を増やす必要があります。調査によっては現在、約12万人の医師が不足しているというデータも。

これは5年や10年といった短いスパンで急に増やせる数ではありません。何十年もかけて少しずつ増やしていくことになる。

ということは、僕が80歳を迎える頃はまだまだ医師不足が続いているでしょうし、あなたが80歳になる20年後だって状況はそう変わっていないかもしれません。

医師が足りないとどんな問題が起きるのかといえば、単純に必要な時に診てもらえない、ということがあります。

高齢者ほど病院にかかる機会は多いですから、そうなると働き盛りまで手が回らず、満足に治療を受けられないケースも出てくるでしょう。

医師ひとりの仕事量が増え、ミスが増える可能性だってあります。日本の医療全体の質が低下してしまいます。

人を増やしても解決しない。在宅死を増やす

ただ、だからといって、「じゃあ、とにかく医師を増やせばいい」ということにはならないのが、この話の難しいところです。

日本の人口は今でも減少していて、人数の多い僕ら団塊《だんかい》の世代が揃っていなくなった後には、一気に人口が減少します。

その時、医師がたくさんいると今度は「多すぎるじゃないか」という話にもなりかねません。

ですから、僕の提案のひとつは、「これからは在宅死を選ぶべき」というものです。

僕ら団塊の世代が、一斉に病院で最期を迎えようとしたら、医師や看護師の仕事量は増え、ベッド数は足りず、病院はパンクしてしまうかもしれません。

そうなると少しでも早く治療を受け、社会に復帰すべき若者世代の治療の機会を奪ってしまうことになる。

言葉は悪いかもしれませんが、いずれ近いうちに死んでいく世代が、医師や病院のベッドを占領してはいけないと思うのです。

現在は病院で最期を迎える「病院死」が約8〜9割。これは、あまりにも多くないでしょうか。この割合を逆転させるのは難しいかもしれませんが、せめて5割ぐらいにするべきでしょう。

もちろん、そのためには在宅死できる体制を整える必要があります。

自宅で死ぬということは、孫や子どもたちに「生まれた以上、人間は必ず死ぬ」ということを教える機会にもなります。

核家族化が進み、おじいちゃんおばあちゃんと同居していない今の子どもたちは、おそらく死んだ人を見る機会がほとんどないはずです。

「リセットボタンを押せば人は生き返る」と思っている低学年の小学生が約1割もいた、というアンケート結果を耳にしたこともあります。

だからこそ、「人は死んだら生き返らない。だから生きるというのは大切なことなんだよ」ということも、在宅死によって教えられるのではないかと思うのです。

父の死から考える延命治療

そして、もうひとつ。「安楽死」も僕は認めるべきだと思います。いくら治療しても治る見込みがないのだとしたら、これも医師や病院のベッドを無駄に占拠《せんきょ》することになりますから。

日本は、まだまだ脳死を死と認められる人が少なく、欧米などと比べても延命大国になっています。

また日本は世界一の胃ろう大国でもあります。ですから、アメリカ人の医師などからすると「なぜ治る見込みのない患者をわざわざ太らせるのか」と不思議に映るようです。

以前、ある医師からこんな話も聞きました。「人の死は、飛行機が着陸体勢に入り、少しずつ高度を下げていくようなもの。延命治療は、せっかく着陸体勢に入った飛行機に燃料を入れ、ムリヤリ高度を上げさせるようなもの」だと。そして、その医師はそれを「とても残酷なことだ」と言いました。僕もそう思います。

胃ろうは一度始めると、医師はなかなかやめたがりません。もう助かる見込みがなくても胃ろうのチューブを抜くと、その医師が殺人罪に問われる可能性があるからです。

かといって、意識のない患者に意思を聞くこともできません。家族には莫大な治療費がのしかかり、医師は治る見込みがない患者をずっと治療し続け、患者は病院のベッドを占領し続けることになります。

いったい何のために延命治療はあるのでしょうか。

実は半年間だけですが、僕の父も延命治療を受けました。とある病で手術を受けた後、意識がなくなり、脳死ではありませんでしたが、それに近い状態になってしまったのです。家族で話し合った結果、母の意思を尊重し、延命治療をすることになりました。

父は酸素吸入器をつけていましたから、いつも口が半開きになっていました。舌が乾燥して干し柿のようになり、それが僕にはとても痛そうに見えました。

医師は「意識がないから痛みもない」と言っていましたが、時々父の顔が苦痛でゆがみ、涙を流すようなこともありましたから、とてもつらそうに見えました。

本当に父は延命治療を望んでいたのか。

本当は早く苦痛から抜け出したかったのではないか。

半年も苦しませて死なせてしまったことを僕は今も後悔しています。

延命治療は、家族のただのエゴだったのではないでしょうか。

臓器提供の意思を示す「ドナーカード」というものがありますが、僕は「延命治療拒否カード」のようなものを作り、携帯しておくべきだと思っています。

急に病気で意識不明になり、そのまま病院へ運び込まれることは珍しくありません。そうなったら、もちろん本人に意思の確認はできません。

そうならないためにも、延命治療拒否カードを持ち、意思をはっきりさせておく。それが残された家族に負担をかけないことになります。

09 最期は誰に看取られたいか

漫画を描きながら死にたい

何があっても延命治療はせず、在宅死。それが僕の考える理想の死に方です。もし、その時に家族に見守られながら最期を迎えることができたら、言うことはないでしょう。いい人生だった、と思えるかもしれません。

僕ぐらいの年齢になってくると、若い時よりもずいぶんとそれがリアルに感じられるようになってきます。69歳という年齢は平均寿命まで、あと11年です。来年になれば10年となり、再来年には9年になる。確実にカウントダウンは始まっています。

もちろん、その前にどうにかなってしまうのかもしれませんし、「弘兼憲史、生誕100年記念パーティー」を開き、生バンドで踊っている可能性だってありますが。

僕は人の死を、それこそ幾度となく描いてきましたから、自分の死を想像することも普通の人より多かったはずです。例えば拳銃《けんじゅう》で撃たれて死ぬとしたらどのくらいの痛みが伴い、どんな表情で、どんな気持ちで死んでいくのだろう……。漫画を描く時にはそんな想像を最大限にまで広げていくのです。

若い頃はやはり家族や友人に囲まれ、旅立っていきたいと思っていました。全員が「もう最期の別れだ」と思って集まっているわけです。

すると僕の全身からスッと力が抜ける。家族や友人は涙を流しながら、「お父さん、ありがとう」とか何とか、思い思いのことを口にするでしょう。

孫あたりは「おじいちゃーん！」と叫びながら、僕の布団に顔を伏せ、泣きじゃくるかもしれません。

その時です。僕はムクッと起き上がり、「まだ死んどらんよ」と、みんなを驚かせる。そんなイタズラを最期に向こうへ行くのもいいのでは、と思っていたのです。

でも最近は、やはり漫画を描きながら、というのが最高の形かもしれないと思うようになりました。

その漫画はちょうど完成しても未完でもどちらでもかまいません。好きで始めた仕事です。その最中に死ねたなら本望だと思います。

老いは「成長」

死について考えることは、悲しいことでも後ろ向きになることでもありません。僕は「死」も「老い」も怖いと思ったことは一度もないのです。もちろん、銃を突きつけられ、いよいよこれから、という時にはブルブル震えるかもしれませんが、一方で「俺はこういう人生だったんだな」と冷静に考えている自分もいると思うのです。

死も老いもどちらもみんなに平等にやって来るもので、さからうことはできません。それならば、そのまま受け入れればいいだけです。

僕は、「老い」は「衰え」ではなく、「成長」のひとつだと考えています。もの忘れがひどくなろうが、体力が衰えようが、目がショボショボして若い時のように長時間、漫画を描き続けられなくなろうが、「いい感じ」に成長している、と思えば喜びこそすれ、少しも悲しむことはありません。

「どう死ぬか」を考えることは、「どう生きるか」を考えるのと同じです。漫画だってそれまでのストーリーがあるから結末が生きてくる。それは続いているものであり、切り離すことはできません。

最初に、「家族に看取られて最期を迎えることができれば、いい人生だった、と思えるかもしれない」と書きましたが、実はそれにも執着はしていません。

僕の最期に居合わせるよりも大事なことがあるのなら、そっちを優先すればいい。僕もそうやって生きてきました。「お父さんの最期を看取らなきゃ」なんて思ってほしくありませんし、負担にしてほしくもない。僕の最期を看取らないからといって恨むようなこともしません。

決して縛《しば》らず、縛られず。家族の理想とはそういう形ではないでしょうか。

第5章 身辺整理をしたその先に

01 何はなくとも料理せよ！

料理はボケ防止にいい！

では、ここからはよりよく生きるためのさらなる提案をしていきたいと思います。不要なものを捨て、軽くなって余裕のできたリュックに、新しい道具や武器を詰め、さらに力強く生きていこう、というようなイメージです。せっかく身軽になったのですから、今までにやったことのない、新たなことにチャレンジしてもいいでしょう。

60歳に限らず、ある程度の年齢になったら、僕が絶対にできるようになっておくべきだと思っているのは料理です。

その理由の第一は、「まさかの時の備えになる」ということです。

60歳を迎えた人生には、まさにいつ何が起きるかわかりません。奥さんが重い病に倒れ、入院したり、寝たきりになってしまう可能性だって十分にあります。それが長期化すれば、それまで奥さんがやっていた家事は誰かが引き継がなければなりません。子どもと同居していれば分担もできますが、そうでなければそれはすべてあなたの仕事になるでしょう。それは食事の支度とて例外ではないのです。コンビニ弁当や外食で済ますこともできますが、長期にわたれば不経済ですし、健康にもよくありません。

ですから、いつ何があっても困らないように、料理はできるようになっておくべきなのです。自分で料理ができれば、節約と健康管理ができるようになります。

新しく始めるのに初期費用がかからないことも僕が料理をすすめる理由のひとつです。包丁、まな板、鍋、フライパン。調理道具はすでに台所にあるはずですから、イチから揃える必要がありません。

さらに料理は脳への刺激にもなります。60歳といえば、もの忘れが激しくなり、記憶力にもすっかり自信がなくなっている頃でしょう。

60歳の身には少し先の話かもしれませんが、認知症になると、単に物事を忘れてしまうだけではなく、頭の中で段取りを考えられなくなってしまいます。

人は朝起きた時から常に「まずはトイレへ行って、シャワーを浴び、歯を磨いて……」というふうに無意識のうちに頭の中で行動をシミュレーションしています。

ところが認知症になると、それができなくなってしまうのです。もし、単なるド忘れでなく、「あれ、次は何をすればいいんだっけ……？」と思うようなことが増えてきたら、その兆候《ちょうこう》を疑ってみてもいいかもしれません。

料理は脳トレになる！

料理には、完成させるまでに多くの過程があります。そしてその中には「まずは鍋に水を入れて、湯を沸かしている間に野菜を切り、電子レンジで肉を解凍させ……」といった同時進行の作業も少なくありません。もちろん、過程をひとつひとつゆっくりと進めていってもいいのですが、それだと時間がかかってしまいます。

慣れてくればたいしたことではありませんが、最初のうちは「あっ、鍋にかけていた水が沸騰《ふっとう》して全部なくなってしまった！」なんて軽いパニックになることもあるかもしれません。そのくらい常にあちこちに気を配り、頭を忙しく働かせるのが料理なのです。

献立を考える時だって頭はフル回転です。とりあえず冷蔵庫を開け、使えそうな食材を取り出し、テーブルに並べたとしましょう。すると卵、豆腐、豚バラ肉、納豆あたりが出てきたりします。野菜室には玉ねぎ、じゃがいも、ニンジン、ネギあたりも入っているので、それも出します。それらをジッと見つめ、食べたいものや自分の体調なども考慮に入れつつ、メニューを考えるわけです。

僕の場合は仕事場に数人のアシスタントがいて、当番制で食事の支度をすることになっていますから、仕事中はそれぞれの腕前に合わせてメニューを考えることになります。例えば、料理上手のA君と料理が苦手なB君では別のメニューになります。冷蔵庫に入っていた食材やその日に買ってきた食材、さらには料理人の腕まで考えてメニューを考えるわけですから、下手な脳トレゲームより難題です。

毎日の食材の買い出しも僕の仕事です。歩いたり、自転車に乗ったりしてスーパーへ行けば、仕事のいい気分転換になりますし、軽い運動にもなりますから率先して行くようにしているのです。店に並んだ品を見れば、今の旬もわかりますし、物価の流れをチェックすれば、何となく世の中の動きも見えてきます。気候の影響で収穫量が減れば値段に影響が出ますし、消費税は上がったけど、この店は値上げしなかったんだな、なんてこともあります。あまりスーパーに行ったことがない人ほど、発見も多いでしょう。そんなひとつひとつも脳への刺激になります。ですから僕は、料理を始めるなら必ず買い物からするようにとすすめています。

とりあえず、やってみる

そうはいっても男性であれば、「包丁なんか握ったことないよ」という人も多いでしょう。でも、難しく考えることはありません。お酒が好きなら、ごく簡単なつまみを作るところから始めてもいいでしょう。マグロのさくを買い、食べやすい厚さに包丁で切れば、刺身の出来上がりです。キレイに切れるに越したことはありませんが、とりあえずはどうだっていいでしょう。見た目なんか悪くても味にさほど影響はありません。

たとえ米を炊くだけだって料理の一種です。計量カップで米を量って、水で研《と》ぎ、適量の水と一緒に炊飯ジャーに入れてスイッチを押せば、あとは勝手に炊飯ジャーがおいしいご飯をつくってくれます。子どもでも簡単にできます。

ご飯さえ炊ければ、生卵や納豆だけでも十分なおかずになりますし、コロッケや天ぷらなどのお惣菜《そうざい》を買ってきてもいい。最近はレトルトカレーの種類も豊富ですから、温めてご飯にかければ簡単にカレーライスがつくれます。鍋料理なんて食材を切って鍋に入れるだけですから、失敗しようがありません。それでいて栄養も豊富で健康的です。

大事なのは、ひとまず始めてみることです。あれこれと余計なことは何も考えずに包丁を握ってみる。例えば、法律を改正する時に、改正案に不備がないか調べていたら、改正できるまでに数十年かかってしまいます。そんな無駄な時間をかけるより、とりあえず改正して修正していけばいい。完璧なスタートなどないのですから、そうしないと物事は一向に進みません。日本はこういうことがものすごく多い。

以前、海外の日本メーカーを取材したことがあるのですが、「現地にこういうニーズがあるから、こういう新製品をつくりましょう」と提案すると、日本の企業はまず本社のいろいろな部署での調査や検討が始まります。ところが、そんなふうにもたもたしているうちに現地の他の企業に先を越されてしまうのです。「とにかく本社のフットワークが遅い」という愚痴《ぐち》は、現地の社員の方から何度も聞きました。

恋愛も考えすぎると、いつまでたっても結婚できません。考えすぎて立ち止まるより、走りながら考えればいいのです。

話がそれましたが、料理もひとまずやってみて、楽しいと思えたら、少しずつレパートリーを増やしていけばいいのです。そうでなければ簡単なものをいくつかつくれるようにしておけばいいでしょう。それだけでも緊急時に困ることはありません。

ただし、ひとつだけ気をつけてほしいことがあります。台所を使ったら後片付けまできちんとやりましょう。

台所は奥さんのテリトリーですから、元どおりにして返すのが最低限のマナーです。もし、奥さんの代わりに料理をしたとしても、「料理をつくってやった」のではなく「つくらせてもらった」と思う。新しいことを始める時には、そういう謙虚な気持ちが大事です。

02 60を過ぎたら共働きが当たり前

専業主婦でいる必要はなくなった

旦那が料理を始め、家事を分担できるようになれば、奥さんも外に出て働きやすくなるでしょう。「稼ぎは男がするもの」という妙なプライドが邪魔して言い出せなかった旦那も、堂々と「働きに行ってくれ」と言えるようになるのでは？　60を過ぎた夫婦の家庭は、来るべき老後に備えて、共働きが当たり前でいいと思います。

そもそも人口が減り、働き手が不足している日本で主婦業だけをしている、というのはもったいないでしょうか。女性も外に働きに出たほうが健康的です。外出すればオシャレにも気を使うし、新しい人との出会いもあって刺激にもなる。家にばかりいたら身体もなまるし、ボケてしまいます。

昔から僕は、大学を卒業して専業主婦になる女性が日本には多すぎると思っていました。僕の周りにも、とても優秀で大学院まで出たのに、結婚して子どもができたとたん専業主婦になってしまった女性が大勢いたのです。本人はそのまま仕事を続けたかったのかもしれませんが、非常に残念に思いました。

国公立大学であれば、そこには税金が投入されていますから、日本はその学生ひとりひとりに投資をしていることになります。税金を使ってせっかく育てた人材ですから、その知識や能力は、ぜひ日本に還元してほしいと思います。それは60を超えてからでも遅くないでしょう。

特に現代は、家電製品の進化もあり、専業主婦の仕事もずいぶん楽になっています。思えば、昔の主婦は本当に大変でした。炊飯ジャーもなく、かまどですから、まず火をおこすところから1日が始まります。

洗濯機もありませんから、洗濯板で1着ずつ洗ったあと、手でしぼり、干していきます。掃除機もありませんから床や畳はほうきで掃き、雑巾《ぞうきん》で拭きます。

そんなことをしているうちに今度は夕飯の支度を始める時間になります。旦那や子どもが帰ってくればその世話もしなければいけません。

夕食が終われば食器の後片付けや風呂の準備が待っています。自分の時間などほとんどなかったでしょう。

それに比べれば、現代はほとんどがスイッチひとつで済んでしまうカ、ア、電、化、の時代です。主婦業を軽んじてはいませんが、特に60を超えたら専業である必要はないのではないでしょうか。

女性の意識改革も必要

女性が外で働くには、ある面では女性の意識改革も必要なようです。知人の女性に聞いた話ですが、女性の中には「専業主婦がいちばん幸せ」というような考え方があるというのです。

つまり、自分は外で働くことなく、「旦那の稼ぎで趣味や習い事をするのが、いちばんのステータス」という考え方です。そして、そんな女性は働く主婦を「働かなきゃいけないなんてかわいそう」と見下すのだそうです。まるでドラマの話みたいですが。

しかし、「楽をする」ことが「楽しい」ことではありません。やり終えたあとに達成感や評価があるから、仕事は楽しいのではないでしょうか。ですから、その途中がどんなに苦しくても「次も頑張ろう」と思える。「おもしろかった」という読者アンケートがあれば、どんな苦労も「描いてよかった」に変わります。楽をすることが楽しいことだと思っている人は本当の楽しさを知らないだけでしょう。

僕は料理だけでなく、家事全般が嫌いではありませんから、専業主夫もそこそこやれる自信はあります。しかし、すでに僕は漫画家という仕事を通して、もっと別の楽しさを知っていますから、主夫業だけでは満足できないと思います。もし、「共働きなんてかわいそう」と上から目線で言うやつがいたら、「あなたこそ働く楽しさを知らないなんてかわいそう」と返してやればいいでしょう。

働く元気があり、働く場所がある限り、僕は働き続けるべきだと思います。

03 60歳以降の仕事探しは求められる場へ！

再雇用の難しさ

とはいえ、60を超えてからの仕事探しが、そう簡単ではないのも、ある面では事実です。パートやアルバイトならまだしも、それなりの給料をもらえる仕事となると、やはり60歳という年齢は不利に働くでしょう。

特に男性の場合、それまでの会社で、それなりのポストにつき、それなりの仕事をしていた人ほど、それは受け入れがたい現実だと思います。

収入が落ちるだけでなく、「こんなことまでやらなきゃいけないのか……」と滅入《めい》るような仕事もありますから。

僕も何人かのアシスタントを雇っていますから、その意味では人を雇う側の人間でもあります。

その立場からすると、同じ金額で雇うならできるだけ若くて元気なほうがいい、というのが正直なところです。

絵がうまいことは大前提ですし、真面目なこと、性格が明るいことなども重要ですが、もしそれらの条件が同じなら、間違いなく60歳よりも若くてイキのよいほうを選びます。そう考えただけでも高齢であることは、就職には不利だと言わざるを得ません。

60歳から職を見つける方法

では、60を超えてからの仕事探しはどうすればいいのでしょうか。これは単純な話ですが、「60歳の人が求められる職場」を探すことだと思います。

僕が知っている中では、ラジオ局がそのひとつです。僕はラジオのパーソナリティを若い頃からずっと務めていますが、今、ラジオリスナーの大半は高齢者で、多くの番組が高齢者を意識した内容になっています。

若い頃に深夜ラジオを聴いていた世代ですから、ラジオを聴くという習慣がついている人が多いのです。

しかし、高齢者向けの番組を若いスタッフでつくるのは、簡単ではありません。選曲するにしても、どんな曲をかければいいのか、若いスタッフでは正確につかむことはできません。

リスナーが若い時にどんな曲が流行っていたのか、どんな曲を聴いていたのかは調べればある程度わかります。

ただ、その曲が流行っていた時代の空気までは知ることができません。それは肌感覚とでもいうようなものですから、スタッフにひとり当時を知っている同世代がいたほうがいいわけです。

ラジオの制作現場に未経験者がいきなり飛び込むことはできないでしょうが、今後、定年退職した社員を嘱託《しょくたく》などで呼び戻すラジオ局は増えるのではないでしょうか。このように60歳が求められる職場もあるわけです。

これからますます高齢者は増えますから、高齢者向けの商品やサービスも増えていきます。

そこにどんなニーズがあるのか、どんなサービスを提供すれば喜ばれるのかは、やはりその世代でないとわからないことがあります。

アンケートを取るなどして意見を求める方法もありますが、それらを企画・開発する現場にもきっと60代以上の知識や経験が必要だと思うのです。

そんな職場はまだ他にもたくさんあるのではないでしょうか。給料や待遇も大事ですが、そんな観点から職を探してみるのもよいでしょう。そのほうがやり甲斐があるはずです。

04 積極的にボランティアをする

介護現場にこそ60代を！

60代が求められる現場といえば、介護の現場もそのひとつかもしれません。新しい仕事として選ぶならそれも大歓迎ですが、できなければボランティアでも十分でしょう。すでに第４章でも記しましたが、個人的には、若い人よりも60代以上に積極的に参加してほしい現場だと思っています。

厳しい表現になりますが、介護の現場というのは、近いうちに亡くなっていく人をケアする場で、未来ある若者を治療し、社会復帰させる医療の現場とは根本的に違います。

そういう場に果たして若者の力を使うべきなのか、ということが僕は疑問です。若者にはもう少し違う職場で、日本の未来のために働いてほしい、というのが僕の本音です。

その代わり介護の現場では、まだまだ元気な60代が頑張ります。

「縁起が悪いこと言うな」と怒られてしまうかもしれませんが、近いうちに介護される側になるかもしれないのですから、「こんなふうに説明しないと介護してくれる人に伝わらないのか」なんてことも実感としてわかり、よいシミュレーションになるはずです。

介護されやすい人がどんな人なのかを知ることは、これからの人生において決して損なことではありません。

要介護者をお風呂に入れるなどの重労働は60代になった身にはつらいかもしれませんが、話し相手になったり、車椅子を押したり、やれることはいくらでもあるはずです。

介護士の仕事は重労働の割に給料も安く、人手不足は深刻ですが、60代が率先して参加するような職場になれば、現場自体も変わっていくかもしれません。それで働く人の待遇が変われば、おおいに喜ばれるでしょう。

ボランティアでやり甲斐を得る

介護に限らず、他のボランティアに参加するのもいいでしょう。それまでの仕事の経験や知識が生かせる現場があれば、そちらのほうがより役に立てます。

例えば、海外勤務の経験があり、外国語が堪能《たんのう》であれば、外国人観光客を相手にガイドをしたり、近所の子どもに無償で教えたりすることもできるでしょう。

ボランティアは、仕事ではありませんから、残念ながら参加したところで生活費の足しにはなりません。

むしろ活動費を自己負担しなければならない場合もありますから、「やるだけ損」と思う人だっているでしょう。

しかし、最近は交通費や弁当を支給してくれる有料ボランティアも少なくありませんし、何より社会に貢献できている、という実感も得られます。

会社でのポジションも何となく落ち着き、子育ても一段落すると、次のやり甲斐や生き甲斐といったものが欲しくなるのが人間というものです。

特に男性は、「いつまでも社会の役に立つ存在でいたい」という本能にも似た欲求があると思うのです。

ボランティアは何よりそんな欲求を満たしてくれるはずです。もちろん、たとえ定年退職してもボランティアに参加する余裕のない人も多いでしょう。ですから、余裕のある人だけでけっこうです。60歳からの人生に「ボランティア」という選択肢をぜひ入れておいてください。

05 旅行へ、小さな冒険へ

60歳からの「ダーツの旅」

僕は夫婦２人での旅行はあまりおすすめしませんが、ひとり旅はおおいに行ってほしいと思っています。体力は多少衰えていても、60歳の身体はまだまだ元気だし、動けます。動けなくなってから「行っておけばよかった」と後悔しても遅いですから、今のうちにいろいろなところを見ておくのも悪くありません。

僕が特におすすめしたいのは、行き先を決めないひとり旅です。所ジョージさんが出演しているテレビ番組に「ダーツの旅」という人気コーナーがありますね。日本地図にダーツの矢を投げ、刺さった場所に行ってみる企画です。矢がどこに刺さるかは、まさに運次第ですから、本当に何もない山奥へ行くことも珍しくありません。

ただ、何もない場所だからこそ思いもよらない出来事や人に遭遇することになります。こうなると旅行というより、ちょっとした冒険です。こんな楽しそうなことをマネしない手はありません。

ダーツの矢がなければ、地図を広げて目をつむり、人差し指で適当な場所を「えいっ」と指さしてもいいでしょう。大事なのは決まった場所に必ず行くこと。こういうことは妥協するとおもしろくありません。

場所が決まったら、地図を見て交通手段を考えます。車で行ってもかまいませんが、できるなら電車やバスなどの交通機関を利用したほうが、ハプニングが期待できるでしょう。そのほうが、電車やバスはあるのか、あるとしたらどのくらいの本数が走っているのか、レンタカーはあるのか、そもそも日帰りできるのか、何泊かしなければならないのか、宿泊施設はあるのかなど、調べなければならないこともたくさん出てきます。

しかも、そういう場所は観光客用に整備されていないだけに、乗り継ぎがうまくいかず、2時間に1本のバスに乗り遅れてしまうといったことだって起こり得ます。田舎ではバスや電車が時刻表通りに来ず、待ちぼうけを食らうなんてこともあるでしょう。

ちょっとした工夫で冒険気分

でもそんな時間は、普段の生活ではあまり持つことのできない、貴重な時間です。のんびりと景色を眺めていると、今までの人生、これからの人生、いろいろなことが頭の中を駆け巡るでしょう。環境が変われば思いがけない考えに至るかもしれません。

せっかく知らない場所に来たのだから、その時間を利用して周囲を散策するのもいいでしょう。そんな場所ですからお店などないかもしれませんが、もし見つけたら僕なら迷わず入ってみます。漫画家は日頃から観察が癖になっていますので、店主のしゃべり方とか売っているものとか、些細なことでも興味深く見ることができます。そんなふうに何でも楽しめるようになると、旅はもっとおもしろくなるはずです。

行き先も決めないひとり旅のハードルが高いのであれば、観光地へ行き、あえて人気のない場所を選んで行ってみるだけでもちょっと変わった旅が楽しめます。

僕は京都へ行くと、わざと観光客のいない、ごちゃごちゃっとした狭い路地に行くようにしています。

特に夏場などは民家の玄関が開けっ放しになっていたりしますから、ちゃぶ台で夕飯を食べている家族が見えたりするのです。いくら観察癖があるからといって、そんなところを不躾《ぶしつけ》にじろじろ見るようなことはありませんが、どこか異国の地にでも迷い込んだような感覚があって、それが僕は何となく好きなのです。

遠出はしなくても旅行は楽しめます。僕はもう東京に50年近く住んでいますが、それでも降りたことのない駅や行ったことのない場所がたくさんあります。仕事に遊びにといろいろなところへ行きますから、もう都内には行ったことがない場所なんてないだろうと思っていても、地図を広げてみると、意外と限られた中でしか生活していないことに気づいたりもします。

以前、東京スカイツリーが完成した時に、初めてその周辺を歩いたことがあるのですが、住み慣れた我が家の周辺とはまったく景色が違い、ずいぶん新鮮な気分になりました。都内をめぐるだけなら、交通費と昼食代を合わせても2000円もあれば、朝から晩まで楽しめます。

いつもと違う道で帰宅すれば、それだけでもちょっとした冒険気分が味わえます。いつもだったら絶対に曲がらないような道を、あえて曲がってみるのです。すると、たとえ近所であろうとも、意外に知らない道に出たりするわけです。そして「この道から家に帰ることはできるのだろうか」という不安が急に襲ってきます。

日常から少しだけ離れてみるのが旅行です。お金や時間などかけなくても頭を使えばいくらでも楽しむ方法はあるのです。

失敗してもいい。考え方次第で、すべてプラスに

旅行は固くなった頭をやわらかくしてくれます。未知の体験や普段では起きないようなハプニングに遭遇すると、そこへの対応を脳が求めるからです。

60にもなると、自分でも気づかないうちに考え方や行動が保守的になって、新しいことを受けつけなくなっている場合があります。未知なる刺激を求めるより、「損や後悔をしたくない」という気持ちが上回り、安心や安定を求めるようになるのです。

いつも同じ電車の車輛《しゃりょう》に乗り、いつも同じ改札から出て、いつもの道で帰宅する、なんていうのもそのひとつでしょう。おなじみの定食屋でいつものメニューを注文するのも同じです。

安心や安定が悪いわけではありません。物事はルーチン化することで、効率を上げ、失敗を減らすことができますから。

でも、いつもそれでは何となく味気ないし、つまらなくないでしょうか。僕はできれば打ち合わせや取材は毎回違う場所でやりたいし、打ち合わせや取材が飲食店でそこに見知らぬメニューがあれば積極的に注文したいタイプです。たとえ、それで失敗してもまったくかまいません。漫画のネタになるかもしれないし、漫画に使えなくても酒の席の話題のひとつになればいいと思っています。

もうずいぶん前ですが、知人から「信じられないくらいまずいラーメン屋がある」と聞いて、どこがどのくらいまずいのか、確かめに行ったことがあります。これが食べてみたら本当にまずかった！　皆さんにもぜひ一度食べてみてほしいのですが、店名を書けないのが残念なところです。

同じ店に通うのもあまり好きではありませんから、行きつけの店もほとんどありません。味や居心地が保証された行きつけのよさがあるのはわかりますが、フラッと入った店でそれ以上の体験ができないとも限りません。平均寿命までのあと11年で何回の食事ができるでしょうか。そう考えると、同じ店で食べるのが何となくもったいなく思えるのです。

それに何度も通うとどうしても人間関係ができ、店の人から連絡をもらうと、どうしても「行かなきゃ悪い」という気持ちになってしまいますから僕はそれがあまり好きではないのです。それよりも店名や店構えを見て「ここはおいしいに違いない」と当たりをつけ、フラッと入った店が本当においしかった時のほうが、よほど喜びがあると思いませんか。

もちろん、ハズレることもありますが、それすら楽しめばいいのです。「失敗は成功のもと」と言いますが、ハズレくじを引くこともマイナスではありません。「いい勉強をした」と思えば、どんなことでもプラスになるのです。

06 ゴルフのすすめ

誰にでも公平なスポーツ「ゴルフ」

いつまでも動ける身体を維持するために、やっておくべきことはスポーツです。最近はあちこちにスポーツジムがありますし、ジョギングをしている人もよく見かけますから、すでに精を出しているという人も多いでしょう。

しかし、僕みたいにあまり身体を動かすのが好きではなかったり、忙しくて時間がない、なんて人も多いはず。そんな人には僕でもずっと続けられている唯一のスポーツ、ゴルフはいかがでしょうか。

ゴルフというと、お金がかかったり、ゴルフ場が郊外にあって行くまでに時間がかかったりと、何となく敷居《しきい》が高いイメージがありますから、「やらず嫌い」な人も多いかもしれませんが、決してそんなことはありません。ゴルフは、60を過ぎてから始めるのにも最適なスポーツです。

その理由のひとつが、運動量が適当なことです。普段からジョギングなどをしている人には物足りないかもしれませんが、僕みたいに運動といえば、スーパーへ買い出しに行くか、犬の散歩ぐらいしか機会のない人間にとっては、それなりの運動量になります。コースによっても違いますが、18ホールを回れば最短距離でも7〜8キロはありますし、ボールは思うように飛ばず、あちこちへ行ってしまいますから、腕前によっては10キロ以上歩かされることにもなります。

それでも仲間と話しつつ、5時間ぐらいかけてのんびりと歩くわけですから、無目的に歩く散歩よりも楽しめる人は多いのではないでしょうか。高齢者が多いゴルフ場には、あえてカートを置いていないところもあるくらいです。

さらにゴルフは、年齢に関係なく、公平なスポーツでもあります。スポーツといえば、体力や体格差が大きく関係しますから、若い人ほど有利になるのが普通です。60を過ぎて急にサッカーやバスケットボールなどの激しいスポーツを始めても、若い人についてていけず、すぐに嫌になってしまうのではないでしょうか。

しかしゴルフは、足の速さも反射神経も関係ありません。ボールを遠くへ飛ばすためのパワーは必要かもしれませんが、それだってクラブを使い分けることで差を埋めることは可能ですし、そもそもゴルフはボールを遠くへ飛ばせば勝てるというスポーツではありません。ですから、体力や体格差が出にくいのです。

社交場としても活用できる

しかも、ゴルフ場は一種の社交場でもあります。ゴルフ倶楽部の会員になり、年会費を払えば、基本的にそこの施設は利用し放題です。会員であれば、ゴルフをやらなければプレイ料金はかかりません。ですから、そこのレストランや喫茶店を利用するためだけにゴルフ場に通っているという人も少なからずいるのです。

以前、とある漫画家の先輩と同じゴルフ倶楽部の会員だったことがあります。その先輩は僕が行くといつも喫茶店でコーヒーを飲みながら新聞を読んでいるのです。「どうも」

とご挨拶してコースへ出て数時間後、僕が戻ってくると先輩はまだ新聞を読んでおられる。聞けば、ゴルフはあまりされないにもかかわらず毎日のように通っていたそうで、行けばのんびりとくつろげ、知り合いにも会える社交場として利用されていたそうです。

ゴルフ倶楽部にもいろいろなところがあります。例えば僕が所属しているゴルフ倶楽部は、会員制ですが、予約せずにプレーできるため、思い立った時にフラッと行けるのがいちばんの魅力です。しかも、倶楽部に行けば同じようなメンバーが待っていますから、仲間と待ち合わせて出かけたり、といった面倒もありません。

60を超え、70歳も近くなってくると、何かと身体を動かすのが面倒になってきます。特に、囲碁や将棋、麻雀のような長時間座りっぱなしの趣味にハマってしまうと、僕みたいな人間は、ますます動かなくなってしまいます。その点、ゴルフは夢中でボールを追っている間に、知らず知らずのうちに身体を動かし続けられるのが利点でしょう。

体力の低下や健康が気になるからと、いきなり激しいスポーツをするのは逆効果かもしれません。まずは、身体を少しずつ運動ができる状態へシフトさせてから、徐々にやりたいスポーツにチャレンジしてみるのがよいのではないでしょうか。

07 遺言状と自叙伝《じじょでん》を書く

遺言状は定期的に更新を

僕はまだ実行できていないのですが、時間ができたらやりたいことのひとつに「遺言状を書く」ことがあります。

ある友人はすでに自分の子どもたちに、「お前たちに遺産を遺すつもりはない。その代わり老後の面倒は見なくていい」と告げていますが、つまり、そういったことを書面に残すのが遺言状になります。

遺言状を書くという行為は、自分の資産が現在どうなっているかを確認する作業にもなりますし、家族の顔をひとりひとり思い浮かべ、その行く末を真剣に考える機会にもなります。

きちんと筆で書き、日付を入れ、実印を押す、というのが理想かもしれませんが、そんなに肩肘《かたひじ》張る必要もないでしょう。気楽に書けばいい。

そして、ここが大事ですが、一度書いたら書きっぱなしにするのではなく、定期的に更新する。

おそらく1年おきぐらいが妥当ではないでしょうか。

1年ぐらいではさほど書き換えることはないかもしれませんが、大事なのは見直すことです。くり返し見て確認することで、さらに内容は固まっていくからです。

「自分小説」のすすめ

書くことが好きな人は「自分小説」の執筆にも挑戦してみてはいかがでしょう。自分小説とは、読んで字のごとく、自分を主人公にした小説のことです。似たものに「自叙伝」がありますが、こちらはある程度事実に忠実に書いていくことになりますから、自由度が高くありません。しかし、自分小説はあくまでも小説ですから、勝手な妄想を自由に盛り込んでもまったく構いません。

例えば、学生時代に好きだったけど話しかけることもできなかった女の子とも、自分小説の中なら告白してつき合うこともできますし、向こうから告白させることだって可能です。「もし、違う職業に就いていたら」「もし、別の女性と結婚していたら」なんて妄想をふくらませることもできます。

ただし、あまりフィクション度を高めていってしまうと全編想像になってしまいますから、これは普通の小説を書くのと同じでなかなか難しい。ですから事実をベースに自分小説を書くわけです。

もちろん割合は自由ですが、事実9割、妄想1割といったあたりが手頃で書きやすいのではないでしょうか。

昔のことをいろいろと思い出していると、「あの時、本当はどうだったんだろう」とか、「あいつはどう思ってたんだろう」なんてことが気になったりもするでしょう。取材と称して当人を呼び出し、お酒を飲むなんていうのも楽しいかもしれません。きっと、「ええっ!?」というような新しい発見もあるのではないでしょうか。

自分小説ではありませんが、僕のいとこが以前、弘兼家の家系図を作っていたことがありました。

親族のつながりを図式化していくわけですが、意外な有名人が遠縁だったことが発覚したり、「あの親戚がこの人とつながっているんだ？」というような発見があったり、さまざまな驚きがありました。

自分のルーツを知る上でも、血縁関係に対する自分勝手な思い込みを修正することもできて、かなりおもしろいものでした。

最終的に登場人物は２００人を超えましたから、作成したいとこはかなり苦労したようですが、それでも作る意味はあると思います。

僕は今までに描いてきた漫画がある種の自分史のようなものだと思っていますが、誰にでも自分が生きていた証を遺しておきたい、という願望はあるのではないでしょうか。

ペンを握り、書くという作業は脳の活性化にもつながります。余裕があれば、こんなことにも挑戦してみてはいかがでしょう。

08 オープンカレッジ、カルチャーセンターで60の手習い

オープンカレッジで勉強に励んでみる

ペンを握り、書くということでいえば、今までに勉強してこなかったことを、60を過ぎてから勉強するのも非常にいいことだと思います。

特に仕事を始めてから、「若いうちにもっと勉強しておけばよかった」と後悔したことは何度もあったはずです。

「もっといい大学に行っておけばもっと出世できたのに」といったことだけではありません。

年齢とともに経験を積み、知識が増えれば、解決できる問題も増えていきます。問題

が解決できるということは大きな喜びにつながります。

そのことを実感できているから、さらに「もっと知りたい」という知的欲求は高まるのです。

そういう意味でも勉強は、若い時よりも年を取ってからのほうが、より熱心にやれるのではないかと思うのです。

僕も母校の大学の「オープンカレッジ」で講師を務めることがあります。後輩に頼まれて数年前から始めたのですが、若い人に交じって、多くの60代や70代の方も参加してくれます。

オープンカレッジは、公開講座とも呼ばれ、今や多くの大学で行われているようです。その大学に在籍している学生だけでなく、広く一般に公開している授業のことで、申し込めば誰でも有料で受講できます。

僕の講座は、授業と呼ぶほど堅苦しいものではありませんが、他の講座では、もっと専門的なことを教えているものもあるようです。近所に大学があればのぞいてみるといいでしょう。

父もカルチャーセンターを満喫していました

もっと気軽に学べる場としては、「カルチャーセンター」もあります。最近では、民間企業だけでなく、自治体が運営しているものもあり、無料またはそれほど高くない金額で参加することができます。

そういえば僕の父も70歳を超えてから、カルチャーセンターに通い出し、なぜか能面《のうめん》を彫《ほ》り始めました。

しかも、そこで知り合った若い女性と、いつの間にか手紙のやり取りまで始めてしまったのです。

僕の母はかなりのやきもち焼きでしたから、手紙が発見された時にはちょっとした修《しゅ》羅《ら》場《ば》になりましたが、父が楽しく通っていたことは間違いないでしょう。

カルチャーセンターには料理教室を設けているところも少なくありません。すでに「男は料理をすべき」という話はこの章の最初にさせてもらいましたが、こういうところで料理を学ぶのもいいでしょう。

男性向けの料理教室だとうたっていない限り、女性が多いのも男性にはうれしいところでしょう。

もちろん、それで家庭が壊れてしまっても自己責任でお願いします。

認知症の兆候は、主に「計画が立てられなくなる」ことに表れます。

「やるべきこと」と「やらなくてもいいこと」を区別し、やることをどんな順番でやればいいのか、段取りを決められなくなってしまうのです。

勉強することは、まさに段取りを決めることです。

覚えるべきことは何で、どのように覚えていくのが覚えやすく、効率がいいのか。そんなことができなければ勉強はできませんから。

勉強だけでなく、能面を彫ったり、料理をつくったりするにも段取りを決めることは不可欠です。

つまり、オープンカレッジやカルチャーセンターに通うことは、知らず知らずのうちに脳の鍛練《たんれん》をしていることにもなるのです。

英語を習うのもおすすめ

そしてもうひとつ。ボランティアのすすめでも書きましたが、これから日本には外国人観光客が増えていきますから、今まで以上に外国語を使う機会が増えるはずです。それに向けて英語を習うのもいいと思います。

今はすっかり苦手になってしまいましたが、僕もサラリーマン時代には、社内の英語の試験でAランクをもらい、海外派遣要員だったこともあります。

英語というのは、日常会話に困らないレベルにまで達するのはそんなに難しくありません。

日常会話で使うような英語は学問ではなく、ある種の道具ですから、文法なんかにこだわると逆に上達しません。一生懸命ハウツー本を読んでも自転車に乗れないのと同じです。

語学も頭で覚えるというより、身体に自然と染み込ませていかないとダメなのです。

ですから、海外に長期で滞在すると、ある日突然相手の言っていることが理解できるようになる、なんてことが起きるわけです。

僕がかつて英語が得意だったのも、生まれ育った実家近くに米軍基地があったからです。

中学生になると学校で英語を習い始めますから、その日に覚えた単語や文章が通じるのか、米軍ハウスの子どもたちに話しかけたりしていたのです。

その中で、リンゴは「アップル」と発音するのではなく、「アポー」と発音しないと通じないんだな、なんてことが少しずつわかっていきます。そんなふうに覚えていくのが日常会話で使う英語です。

日本人には「頭の中できちんと文章を組み立ててからでないと話せない」という恥ずかしがり屋さんが多いですが、それでは発言の回数が減り、なかなか上達しません。

デーブ・スペクターさんを見てください。あの人はダジャレが言えるほど日本語が上手ですが、やはり日本人が聞けば、「外国人がしゃべっているんだな」ということがすぐにわかります。つまり、外国人が他国の言葉を完璧に話すことには限界がある、ということです。

最初から完璧など目指さず、「伝わればいい」くらいの気持ちで気軽に使えばいいのです。

例えば「ドリンク、コールド、アイ・ウォント」は文法的にはメチャクチャですが、試してみれば、ちゃんと冷たい飲み物が出てくるはずです。言葉なんて伝わればいいんだ、と僕は思います。

僕も学生時代は勉強なんて大嫌いでしたが、最近は勉強したい熱が高まっています。それはきっと、これから描く漫画にもいい影響を与えてくれると思うのです。

09 勉強で使った脳は何も考えない時間で休ませる

晩酌《ばんしゃく》と映画で脳を休ませる

脳を使うと緊張状態になり、それがずっと続くと疲れます。脳の重さは体重の2％程度しかありませんが、エネルギー消費量の割合は18％にものぼるのです。特に60を超えたら適度に休ませつつでないと上手に使うことはできません。

それには睡眠がいちばんですが、僕のように1日中漫画を描いて酷使《こくし》すると、脳は興奮状態になっていますから、なかなかすんなりと寝ることができません。

そこで寝る前に僕がやっているのが晩酌と映画を観ることです。

1日の仕事が終わった深夜2時か3時ぐらいから、お酒とつまみを用意して映画を観始めるのです。

特に何を観ようと決めることはありません。だいたいはCS放送をつけ、その日、その時間に放送されているものを何となく眺めます。CSはチャンネルがたくさんあり、深夜とはいえ、いろいろなタイトルが放送されていますから、その中からいちばんつまらなそうなものを選びます。

好きな映画とかおもしろそうな映画では、つい見入ってしまって脳が休まりませんから、それでいいのです。

個人的にはゾンビ映画あたりが最高です。人気ジャンルですからお好きな方には申し訳ないのですが、ほとんどストーリーもなく、バカバカしい作品が多いので、お酒をチビチビと飲みながら、「何だ、これ」とひとりでツッコミつつ、観ているとどんどん眠くなってくるのです。

いつも途中で寝てしまいますから、おそらく最後まで観たゾンビ映画はほとんどないのではないでしょうか。

あまり映画をご覧にならない人には「2時間もじっとしているのは退屈」などと言う

人もいるのですが、映画は観始めたからといって必ず最後まで観なければいけない、というものでもありません。

映画館ではそうはいきませんが、レンタルＤＶＤやネット配信されている映画なら、1日15分ずつ観ても１週間ぐらいで観終えることができます。映画を観るのにルールはありませんし、別に小難しいものでもないのです。

映画から学んだことを漫画に生かす

お好きでない人に無理やりおすすめしようとは思いませんが、僕は映画からいろいろなことを学んできました。今でこそ鑑賞する時は息抜きメインが多いですが、サラリーマンを辞め、漫画家を目指し始めた25歳ぐらいの頃は、映画館で年間２００本ぐらいの映画を観ていたと思います。

もちろん、ストーリーやキャラクターの作り方、画面の構成や構図など、あらゆることを勉強するためでした。

暗い場所でもメモができるライト付きのペンとメモ帳を持ち込み、気に入ったセリフや気づいたことはメモし、印象に残ったシーンについてはスケッチもしました。まだレンタルビデオはない時代でしたが、今のように入れ替え制ではありませんから、一度入場してしまえば1日中観ることができます。

何度も通って20回以上観た作品もありました。とにかく映画から漫画に生かせる技を盗もうと必死だったのです。

黒澤明監督やアルフレッド・ヒッチコック監督のほぼ全作品、キャロル・リード監督の『第三の男』、スタンリー・キューブリック監督の『2001年宇宙の旅』、ウィリアム・ワイラー監督の『ローマの休日』やフランシス・フォード・コッポラ監督の『ゴッドファーザー』など、大好きで、影響を受けた作品は数知れません。こういった作品がなければ、僕の描く漫画もずいぶん変わっていたかもしれないのです。

でも、こういう作品は夢中になって観てしまいますから、寝る前には不向きです。リラックスもできません。何度観ても新しい発見があるので興奮してしまうのです。

10 どんと来い逆境。カモン、ストレス！

超プラス思考、弘兼憲史の誕生

本書をここまで読んでくれた人や僕の描く漫画を通して僕のことをよく知ってくれている人はすでにご存じかもしれませんが、基本的に僕は「超」がつくほどの「プラス思考」です。

何があってもくよくよ落ち込んだり、なんてことはありません。俗にいう典型的な「B型人間」。

性格を血液型で診断することに信憑性《しんぴょうせい》があるとは思いませんが、あえてそれでいうなら「楽観的」で「マイペース」なのです。

それについて、「どうしてですか？」とよく聞かれるのですが、実は僕にもよくわかりません。

母親に聞くと、小学校の低学年ぐらいまではおとなしく、内気な子だったそうです。言われてみればその頃は、トイレに行きたくても、「先生トイレ！」なんて言えなかった記憶があります。

それが、今のような性格になったのは、小学校の高学年から中学生ぐらいでしょうか。よく覚えているのは、僕が通っていた私立中学校には「共通テスト」というものがあり、それで4位になったのです。共通テストというくらいですから、中1から中3までの全校生徒が同じ問題のテストを受けるわけですが、その中で、しかも中1の時に4位になったのです。

こんなに成績がよかったのは後にも先にもこの一度きりですが、それでもずいぶん自信になったのを覚えています。

当時はすでに絵も得意でしたから、それも自信につながっていました。当時の人気キャラクターや、クラスメイトや先生の似顔絵を描けば、みんなが集まってきて、「うわー」と喜んでくれたのです。そんなことがあるうちにだんだんとクラスの中心人物のような存在になっていきます。

やはり、自信を持つということは、物事を前向きに考えるひとつのきっかけになるでしょう。

自信がなければ、見方を変えてみる

しかし、60歳の人に向けて「自信を持ちましょう」なんてことを言うつもりは、あまりありません。

もちろん、持てればそれに越したことはありませんが、60年の人生でもし持てなかったのであれば、これから持つのもそう簡単ではないでしょう。人間はそう簡単に変われるほど単純ではありません。

ですから、僕は「見方を変えましょう」と言います。例えば、仕事で失敗して上司に「何やってんだ、バカヤロー！」と、こっぴどく怒られたとします。

サラリーマン時代は僕も何度も経験しました。こんなことがあれば普通はかなり落ち込みます。居酒屋などでそういう上司に対する悪口を聞いたことも一度や二度ではありません。ただし、僕はそういうことはしない。

出世した人というのは、仮にも他人より上の立場に行った人なのですから、何か優れた点があるのだろう、と考えるのです。

その上司が理不尽なことを言っているように聞こえても、自分の知識や経験が足らず、理解できないだけかもしれません。

そんなふうに考えると怒りもスーッと収まり、「確かに上司の言うとおりだな」と思えたりもします。

言われたことが「そのとおり」なのであれば、落ち込む必要もありません。必要なのは反省だけです。

どんなことでも「いい感じ」と思う

怒るというのは、思っている以上にパワーを使います。ですから、怒りというのは時間の経過とともに薄まっていく。

あれは、つまりパワーが持続しないから、薄まっていくのです。僕はそんなことにパワーを使うのはあまり意味がないと思っています。

腹が立つ人がいても、その人を観察し、「あ、この人はこういう人なのか」「じゃあ次からはこう接したほうがいいんだな」と解決方法を考えることにパワーを使ったほうが、次につながると思いませんか。怒っても何かが解決することはありません。

僕がくよくよと落ち込まないのは「そんなことに時間を費やすのはもったいない」という発想があるからです。そのパワーを別のことに使ったほうがいいと思うのです。

「反面教師」という言葉がありますが、腹の立つ人や迷惑な人からも学ぶべきことはあります。そういう人がいるから、いろいろと考えるきっかけにもなるのです。

周囲にそんな人がいて、「どうすればいいんだろう」と常に頭を働かせることがプラスに作用する。

それを「ストレス」と言ってしまうとマイナスになってしまいますが、反面教師と考えれば、それは先生になります。

年を取ることも同じで、「いろんなことができなくなった」と思うと暗くなってしまうかもしれませんが、「老人力がついてきた」と思えば、前向きになれませんか。「老い」も成長のひとつです。何にでも「いい感じ」をつければ、「いい感じに体力が落ちてきた」「いい感じに貧乏になってきた」「いい感じにもの忘れがひどくなってきた」なんて、何でもいい感じになってしまうのです。

どんなふうに生きても1時間は1時間、1日は1日、一生は一生です。時間は誰にとっても平等に流れるのです。その時間をどう生きるかはその人の考え方次第ではないでしょうか。

少なくとも僕はどんなことでも「いい感じ」と思い、プラス思考で生きたほうがいいと思っています。

増補版のためのあとがき

この本を最初に出版してから5年が経ちました。僕は69歳から74歳に。今年（2022年）9月には75歳になり、ついに後期高齢者の仲間入りです。この5年の間にいろいろな変化もありました。そこでここからは、この5年のさまざまな変化について、思うままに記していきたいと思います。

まず大きな変化は、なんと言っても新型コロナです。このパンデミックは人の行動や距離感、仕事や学校など、今まで当たり前にあった多くのもののあり方を、大きく変えました。

2021年の7月、実は僕もこの病気にかかりました。いつものように仕事をしていると「あれ、ちょっと熱があるな」と感じ測ってみると最初は微熱でした。ところが、あれよあれよという間に38度7分まで上昇したのです。

たまたま知り合いからもらった簡易検査キットがありましたので、それをアシスタント全員にも配り、検査してみると僕だけが「陽性」でした。すぐに仕事場にいた全員に「今から2週間を休みにする」と言い渡し、解散。そして保健所に電話したのです。

ところが、保健所の返事は「そのまま自宅待機するように」。そういうものかなぁと思いつつ、簡易の検査キットですからどこまで信用していいのかわかりませんし、もし本当に陽性ならば、既往症はないものの年齢的に重症化しないとも限りません。

そこで、知り合いの医者に連絡すると「すぐに来てください」と言われ、翌日ＰＣＲ検査を受けることに。すると、やはり結果は「陽性」。運が良いことに、その頃は病床に余裕がありましたので、即入院ということになりました。


ちなみに感染源がどこだったのかは、いまだに不明です。その少し前に連載漫画を担当している編集者４人と会食をしましたが、その４人は全員陰性でした。

ひとつ考えられるのは、僕は漫画のアイデアをファミレスなどで考える際、左手の人差し指をグッと噛むクセがあり、噛みダコができています。スーパーで買い物をするのが日課ですから、もしかしたら、指にウイルスが付着していて、そこから感染したのかもしれません。スーパーでは、手に取った商品を吟味してから棚に戻す人が大勢いますからね。

いずれにせよ、74歳にして、人生で初めての入院生活が始まりました。

仕事がはかどった入院生活

といっても「闘病記」のようなものは書けません。処置が早く、咳が少し出るぐらいで、辛い思いはほとんどしませんでしたから。レムデシビルを4日間、点滴で投与してもらったせいか、高熱が続くこともなく、8日間で退院することができました。

入院中にやったことは、やはり仕事でした。運良く個室に入れましたので、たまっていたエッセイなどを一気に書き上げ、持って行ったアイデアノートもアイデアでいっぱいになりました。いつも以上に仕事がはかどったぐらいです。

ただ、ひとつだけ困ったのは、まったく匂いがしないこと。風邪とは違い、ちゃんと鼻が通っているのに、まったく匂いがしないのです。そこは差し入れＯＫの病院でしたから、心配した編集者が「何か差し入れしましょうか」と何度か病院まで足を運んでくれました。そこで、おいしいうなぎ弁当など、いろいろとリクエストして差し入れてもらったのですが、匂いがしないせいで味もほとんどわからないのです。おかげで4キロほど痩せることができました。

退院後、匂いは1週間で戻りましたが、後遺症なのか頭髪がすっかり薄くなり、地肌が透けて見えるようになってしまいました。まぁ、もう70代なので構いませんが、これが若者や女性だったらショックは大きいでしょう。

ちなみに『会長　島耕作』で、彼が新型コロナにかかる話を描きましたが、あれは僕の実体験ではありません。知人の体験を取材し、描いたものです。あの漫画を読んだいろいろな人から「ほんとにコロナになったんですか?」と聞かれます。コロナになったのは事実ですが、描いたのは実体験ではないという、ややこしい話なのです。

今後ますますリモートは進む

こういった体験もあり考えたのは、「人生はスムーズにいかない」ということです。1947年生まれの僕は、これまで一度も戦争の経験がありません。1950年の朝鮮戦争や1965年のベトナム戦争はありましたが、それらは間接的な経験であり、「戦争体験」と呼ぶには乏しいものです。

ところが、そのまま大過なく人生を終えるかと思っていたら、2011年に東日本大震災があり、原発事故があり、今回の新型コロナのパンデミックがあり、ついでに言っておくと、2008年のリーマンショックの時には投資で大損もしてしまいました。「平穏無事」は誰もが望むことですが、そんな人生はありません。これも大きな経験のひとつとして、生きていくべきだと思っています。

それにコロナが悪いことばかりだったかと言えばそんなことはありません。パンデミックの歴史を振り返ってみても、コレラの大流行があったから下水道が発達したという側面があります。また、ペストがあったから、宗教に対する人々の猜疑心が増大し、それが宗教改革につながったという説もある。コロナに限らず、悪い面があれば良い面があるのは当然のこと。どんなことにも表面と裏面があります。

新型コロナでは「リモートワーク」が一般化しました。インターネットの普及とともに「これからはどこでも仕事ができるようになる」とずっと言われてきましたが、一部の職種を除き、まったく実現する気配がなかったのです。

ところが、コロナの大流行により、嫌々ながら始めてみると「これは悪くないぞ」という声がいろいろなところから上がりました。都会のサラリーマンはギュウギュウ詰めの満員電車に毎日ヘトヘトになりながら乗らなくてもよくなりましたし、雇う側も交通費を支給しなくても済むようになりました。また、リモートになった会議は、無駄話がなくなり、参加者全員分のコピーが必要だった資料もメールなどで一斉送信すれば事足りるのです。これからは資料作りなどという無駄な仕事で新人社員の時間を削ることもありません。

もちろん、まだまだ現場に行くことが前提の仕事は多いですが、この流れが戻ることはないはずです。今後は仕事のやり方を設定する時、必ず「リモート」が前提になってくる。それは、現在は都心部に集中している人の暮らし方も変えるでしょう。「リモートできるか」「できないか」は職業や入る会社を選ぶ時の大きな選択肢のひとつになると思います。

新型コロナで改めて気づいた日本人の特性

コロナ禍では、改めて日本人の真面目さや几帳面さなどにも気づかされました。ニュースで海外などの様子を見ていると、やはり罰則もないのにほとんどの人がマスクを着用し、ステイホームに徹することができるのは、特異な国だと思います。これが理由かは定かではありませんが、世界に比べて、感染者数や死者数が爆発的に増えることはありませんでした。もちろん、この先どうなるかはわかりませんが、これは誇って良いことですし、次代につなげていくべきだと思います。

このコロナ禍がいつ終息するのか今のところわかりませんが、これから先も私たちはパンデミックという恐怖と闘っていくことになるでしょう。今回はたまたま新型コロナという致死率の低いウイルスでしたが、エボラ出血熱のような致死率が50％を超えるウイルスが世界中を襲うことだって、まったくありえない話ではありません。これからはそういう心構えで生きていくことが大切になってきます。戦争、天災、犯罪など、さまざまなものと闘いながら、人類はいろいろなウイルスとも闘っていかなければなりません。そうやって人類はいろいろなものを相手にしながら、知恵を絞り、それを克服してきました。それが人類の歴史そのものだと思うのです。

生きているうちに「100回」の目標

74歳ともなると、さすがに「あと何年生きるのだろうか」ということも考えるようになりました。

今、日本人男性の平均寿命はだいたい81歳です。そうすると僕の余生はあと6、7年。「6、7年でゴルフはあと何回やれるだろう」。ふと、そんなことを考えてみたのです。さすがに80歳を超えてゴルフをやることはないでしょうから、77歳か78歳ぐらいまでやるとしましょう。するとあと3、4年しかない。さすがにこれは焦ります。

そこで立てた目標が100回。今入会しているゴルフクラブのコースに「100回出よう」という目標を立てたわけです。

「3、4年で100回」というのはかなり大変です。月に2回行ったとしても年24回。そのペースだと4年でも96回ですから、100回に届きません。しかも他のゴルフコースにも行きたいですから、さらに目標は遠のく。そんなことを考えていると楽しくなってきてしまい、「我ながらおもしろい目標を立てたな」と。同様に「銀座の寿司店にあと何回行けるのか」とか自分なりに目標を立ててみるのもいいかもしれません。

100という数字に特に理由はありません。ただの思いつきです。ゴルフを始める人の最初の目標が、たいてい「スコアで100を切る」ですから、そんなところから思いついたのかもしれません。

晩年になり、桜の季節になると、「自分はあと何回桜を見られるのだろう」などと考える人も多いようですが、それに比べると「１００」というのは数字が大きくて、何か良い気がします。そもそも桜を自分で咲かせることはできませんが、ゴルフへ行くかどうかは自分次第ですから、自分でコントロールできるところも良い。個人的にはなかなかおもしろい目標を考えたなと悦に入っているところです。

僕が仕事を続ける理由

漫画家には定年がありません。なので、「弘兼さんはいつまで働くんですか」とか「引退についてはどう考えてますか」などと、本当によく聞かれます。その答えは「いつやめたっていい」。しかし、やめられない理由があります。

それがアシスタントのこと。もし、僕が漫画を描くのをやめたら、彼らが食いっぱぐれてしまいます。みんな60代後半や50代ですから、もう今さら潰しがききません。みんな、もういい年ですから、ローンを抱えていたり、養育費がかかったり、それぞれの事情を抱えています。ひとりの漫画家であると同時に、社員を抱えるプロダクションの社長でもありますから、そう簡単に「もうやめた」と言えないのが現状です。

もちろん、漫画を描くのが好きですから、やめてしまったら抜け殻になってしまうのではないかという思いもあります。社長としての責任感と漫画を描くのが好き、この2つが今でも漫画を描いている理由です。

もし、そういうすべての事情を取っ払って、好きなことができるとしたら……それでも漫画は描き続けるでしょうね。背景なども含めて、すべて自分で描ければ、もっともっと満足のいく漫画が描けると思うのです。やはりアシスタントが描いた絵には満足できないことが多いですし、連載漫画は締め切りがありますから書き直す時間もなく、どうしても「ええい、しょうがない！」と出してしまうことも珍しくありません。よほど、ひどければ単行本になる時に直すこともありますが。自分ですべて描けるようになった時には週刊や隔週でなくても、月刊誌や季刊誌、あるいは年に一話だけどこかで発表する形でもいいかもしれません。もし、それが実現したら、週のうち3日は漫画を描き、2日はゴルフへ。結局そんなスケジュールになるんじゃないでしょうか。

コレクションしていた切手を処分

この本を出版した当時には捨てられなかったものの処分を始めたのもこの5年間のことです。それが小学4年生の時から集めていた「切手」。同世代の人は覚えているかもしれませんが、当時ものすごい切手ブームがやってきたのです。

ブームに乗った僕は、正月になればもらったお年玉をつぎ込んで、「やったー！　ついに『月と雁』を買ったぞ」などとやっていたものでした。「見返り美人」や「ビードロを吹く女」など、収集した人ならわかる有名どころも当然買いました。子どもながらに投資の意識もありましたから、「これは絶対値上がりするだろう」と買った切手が実際に値上がりすると嬉しいものでした。

ところが、当時3000円ぐらいまで値上がりした切手が、今もあまり変わっていないことを知ったのです。上がっていたとしてもせいぜい数十円程度。そこで一気に熱が覚めました。もちろん、コレクションの価値は値段だけではありませんが、今は切手収集が趣味ではありませんから、そうなると、持っていることにあまり意味がないのです。ただ、どんなに古くなろうと額面通りの価値はあるわけですから、捨ててしまうのはもったいない。売るという方法もありますが、面倒だし、おもしろくありません。

そこで思いついたのが「使う」と言う方法。郵便物に貼り、普通に切手として使用するわけです。大人になってからシート買いした切手もたくさんありますから、それを1シート、郵便物にベターッと貼ります。１９７０年代ぐらいの古い切手がベタッと貼られた郵便物が突然届くのですから、もらったほうはビックリするでしょう。税理士のところには税務資料を郵送することが多いですから、「こいつバカか」と思われてるかもしれません。そんな反応を想像するのが楽しい。売るよりも僕にはよほどこっちのほうが有意義なのです。

すべて処分するには、しばらくかかるでしょうが、何も急ぐ理由はありません。楽しく処分する。そんな方法を考えるのも「手ぶら人生」の楽しみです。

両親の死と安楽死

２０２０年12月、この本を出した頃には元気だった母親が、99歳でこの世を去りました。介護施設に入っていた時には、何度も「早く死にたい」と言っていました。それが本心だったのかどうかはわかりませんが、その言葉に、父親が死んだ時のことを思い出さずにはいられませんでした。

第4章でもお話したように、僕の父親は半年間の延命治療を受けています。僕は「痛みがあるなら早く逝かせてあげよう」と言いましたが、他の家族は「もっと生きさせてあげたい」と延命治療を望みました。「もっと生きさせてあげたい」というのは、父親のために言っているのでしょうが、本当にそれは父親のためなのか。僕は父親に延命治療をしてしまったことをずっと後悔しています。

本人の意思より家族の希望が優先されるのは、やはり家族のエゴではないでしょうか。それが両親の死を通じての僕の考えです。

世界に目を向けると2017年にはオーストラリアが、2021年にはスペイン、ニュージーランド、コロンビアが安楽死を合法化しました。人間には「生きる権利」があるのと同じように「死ぬ権利」があるという考えは、これからも日本を含め、もっと多くの国に認められていくことになるでしょう。

もちろん、クリアしなければならない課題は少なくありません。例えば、本人の意思が確認できないような病状の場合に誰が判断するのか。しかし、これらをクリアしなければ、この高齢化社会に対応できないところまで、もう世界はきているのです。

それと同時に僕は「介護園」のような施設も必要だと思っています。保育園のように、要介護者を一時的に預かる施設です。これがあれば、家族は介護のために仕事を辞める必要がありません。また、1日のうち数時間だけでも介護から離れる時間を作ることができれば、精神的な負担も軽減できるはずです。

誰もが明日にでも介護者や要介護者になる可能性があります。「安楽死」も「介護園」もすぐに必要だと僕は思います。

手ぶらの最後に常に持っておくべきもの

いろいろなことがあった5年でしたが、当然ながら「落ち込まない」「くよくよしない」という僕の性格は変わりません。コロナの時も「入院生活とはどんなものだろう」と楽しみでしたし、匂いがしなくなった時も「おおっ、これがコロナか」と思いました。尿管結石の時も、あまりの痛さに「なんだ、この痛さは！」と興奮しましたし、その時に初めて救急車に乗ったのですが、アシスタントにも一緒に乗ってもらい、「イタタタタッ！　そこも撮って！　あっちも撮って！」と救急車の中の写真を撮ってもらいました。

もう50年近く漫画家を続けていますので、何かあると「これは漫画のネタになるかもしれないぞ」と思う身体になってしまっているのです。そう思うと創作意欲が湧き、ワクワクが止まりません。

「漫画のネタになるかも」というのは、ある種の「目標」でもあります。「漫画にしよう」と思った瞬間に、普通なら苦しいこと、悲しいことが「楽しいこと」「ワクワクすること」に変わる。だから、僕は落ち込んだり、くよくよしたりしないのです。

100回という目標も同じです。「死」というと悲しかったり重く受け止めてしまうかもしれませんが、「時間制限」と考えればいいのです。ゲームにもスポーツにも時間制限があります。それがあるからその中でどうすれば勝てるのか、考えて工夫する。そこに楽しさが生まれます。

「そんなふうに考えられるのは、漫画家という特殊な職業だからだ」と言う人もいますが、決してそうではありません。別に漫画家でなくとも、悲しいことがあった時に「これをどう話せば、あいつを喜ばせられるか」と考えることはできるはずです。これは、その人の根本的なものの考え方や見方なのです。

どんな経験でも必ず何かのためになり、役に立つ。何かのプラスになる。これが常に僕の根底にある考え方です。

あとは、やはりこの年齢になったからか、もう自分ひとりの利益を考えることはありません。それをやることによって、どれだけ周りの利益になるか、どれだけ周りの役に立つか、ということを常に考えています。周りというのは多くの人でもいいし、誰かひとりのためでも構いません。もちろん、「この犬のために」だって構いません。それが目標になるし、生きる糧《かて》になります。

今は航空写真がありますから絶海の孤島なんてないのかもしれませんが、もしそんな島にひとりで漂着して、「それでも自分は漫画を描くか」と考えたことがあります。そうすると、やはり「おもしろい」と言ってくれる人がひとりでもいないと、「描く気にならないかなぁ」と思うのです。いくら漫画を描くのが好きだと言っても、喜んでくれる人がいなければ、その漫画が誰かの役に立っていると思えなければ、描くことはないと思います。

ただ、その島で死んだ後に、もし誰かが骨を発見してくれるのであれば、その人のために、洞窟の壁などに漫画を描いておくかもしれません。その人がクスッと笑ってくれるような漫画でも良いですし、人類が生き残るためのヒントを記した漫画でも構いません。

これからの人生を、楽に、楽しく生きていくために、「手ぶら」を目指すことも必要です。ただし、「目標」や「生きる糧」だけは常に手放さないように。そして、自分にとってのそれが何なのかは常に考えておくようにしてください。

出来ることから始めよう！

「手ぶら人生」実践のためのチェックシート

心がまえ

- □見栄や肩書きを捨て、本当に必要なものだけを残す
- □老いは「前向きに」あきらめる
- □現状を人と比較しない。「人は人、自分は自分」と心得る
- □お金を無闇に増やそうとせず、生活をサイズダウンする
- □子どもに老後の面倒を見てほしいという打算を捨てる
- □家族は「仲がよくて当然」という思い込みを捨てる

持ち物

- □着古してくたびれたスーツを捨てる
- □誰か思い出せないひとの名刺は捨てる
- □希少本以外は処分する

オシャレ

- □いつものポロシャツを、ズボンから出して着てみる
- □捨てられないけど着られない、古いスーツを仕立て直す
- □お店に行って、マネキンが着ているものを一式買ってみる
- □お店に行って、店員さんにどんな服が似合うのか尋ねてみる

習慣

- □観たい番組があるとき以外テレビをつけない
- □車は控え、電車に乗る
- □年賀状・お歳暮・お中元をやめる
- □試しに1ヵ月1万円で食費をやりくりする
- □大きな家を売り、アパートにひっこす

人づき合い

- □ひとりになる時間を意識的につくる
- □同窓会で職種や立場の違う旧友に会う
- □異性の友人をつくる

挑戦

- □いつもと違う道で帰宅する
- □直感できめた飲食店に入ってみる
- □観光地へ行き、あえて人気の無い場所を選んで行ってみる
- □行き先を適当にきめて、一人旅にでてみる
- □オープンカレッジやカルチャーセンターに通ってみる
- □遺言状を書く
- □「自分小説」の執筆に挑戦する

本書は『弘兼流　60歳からの手ぶら人生』（2016年11月海竜社刊）に、「増補版のためのあとがき」を追加して加筆修正したものです。

ラクレとは…la clef=フランス語で「鍵」の意味です。
情報が氾濫するいま、時代を読み解き指針を示す
「知識の鍵」を提供します。

中公新書ラクレ
763

増補版
弘《ひろ》兼《かね》流《りゅう》　60歳《さい》からの手《て》ぶら人《じん》生《せい》

2022年５月10日初版
2022年10月30日７版

著者……弘兼憲史《ひろかねけんし》

発行者……安部順一
発行所……中央公論新社
〒100-8152 東京都千代田区大手町1-7-1
電話……販売 03-5299-1730　編集 03-5299-1870
URL https://www.chuko.co.jp/

本文印刷……三晃印刷
カバー印刷……大熊整美堂
製本……小泉製本

Published by CHUOKORON-SHINSHA, INC.
Printed in Japan　ISBN978-4-12-150763-1　C1295

L722

増補版 駆け出しマネジャーの成長論
――7つの挑戦課題を「科学」する

中原　淳 著

突然、管理職に抜擢された！　年上の部下、派遣社員、外国人の活用方法がわからない！　飲みニケーションが通用しない！　プレイヤーとしても活躍しなくちゃ！　社会は激変し、一昔前よりマネジメントは格段に難しくなった。困惑するのも無理はない。人材育成研究と膨大な聞き取り調査を基に、社の方針の伝達方法、多様な部下の育成・活用策、他部門との調整・交渉のコツなどを具体的に助言。新任マネジャー必読！　管理職入門の決定版だ。

L728

「定年後知的格差」時代の勉強法
――人生100年。大学で学び、講師で稼ぐ

櫻田大造 著

定年後に本当にコワいのは、経済格差より「知的格差」。情報を集めるだけの「受動的知的生活」から、論文、ブログを書いたり講師を務めたりする「能動的知的生活」へ転換すれば、自己承認欲も他者承認欲も満たされ、病気の予防にもなる！　その方策として本書は、①大学（院）の徹底活用術、②研究法、論文執筆術、③オンライン、SNS活用術等を伝授。キャリアを活かすもよし新分野に挑むもよし。講師業や博士号さえ夢じゃない実践マニュアル。

L736

得する会社員 損する会社員
――手取りを活かすお金の超基本

川部紀子 著

年功序列・終身雇用制度が崩壊し老後資金も不安視される、「幸せな老後行きの自動エスカレーター」がない世界では、お金の知識格差が命取りに⁉　本書はこれまで「お金のことは会社まかせ」だった組織人の、マネーリテラシーの底上げを目指す。講演・セミナー講師として活躍し、これまで全国3万人以上の受講者に「お金」にまつわる知識を伝えてきた著者が、社会に出る前に学校で教えてほしかった「お金の基本」をわかりやすく解説する。

L741

東京23区×格差と階級

橋本健二 著

年収1000万円以上の専門・管理職たちと、年収200万円未満の非正規労働者たち。西側ほど高く、東へいくに従い低くなる年収――いつの間にか、23区に住む人々の格差はここまで拡大していた！　23区の1人あたり課税対象所得額の推移、都心3区の平均世帯年収推定値、「下町」の自宅就業者比率などなど……「国勢調査」「住宅・土地統計調査」などのデータをもとに80点もの図表を掲載。23区の空間構造をビジュアル化する。